芸能界のグルメ王が世界に薦める!

東京

最強の100皿

アンジャッシュ
渡部 建

はじめに

　2014年に出版した『芸能界のアテンド王が教える 最強の店77軒』のあとがきで、「好きな店をすべて紹介したつもりでしたが、実はまだまだありました……」と書きました。
　本当でした。そして、この一年で好きな店がさらに増えました。仕事の合間や仕事終わりに気になる店に行ったり、休みに食べ歩きの旅に出たりと、日々食べ続けているもので。
　そんなときに、「次に来たときも絶対注文しよう！」と思う一皿があります。長年愛されてきた名物料理、メインよりも魅力的なサイドメニュー、一度食べると夢に見るほどハマる料理……。その一皿を食べるために店に行くことも増えました。

そこで、今回は店ではなく料理を紹介することにしました。数百円で感動する一皿、記憶に残るコースの一品、誰かに食べさせたくなるテイクアウト。どれも絶対にまた食べたくなる100皿です。日本を訪れる外国人にも食べてほしい、世界に誇る日本の美味です（なので、英語のデータもつけました！）。この料理を目当てに世界から食べに来る、そんな世界レベルの100皿です！（たぶん）

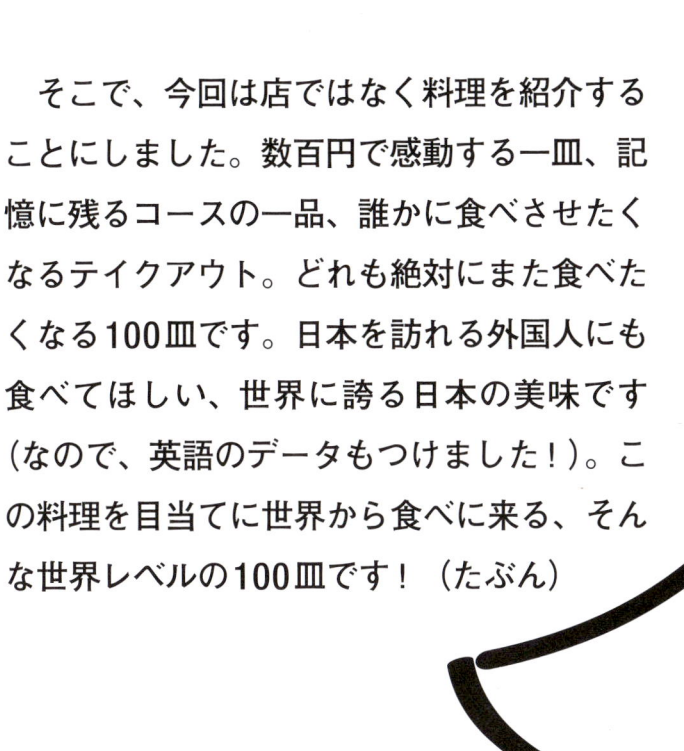

もくじ

はじめに ──────────────────── 2

1000円以下の最強お値打ち皿

シロタレ（テッポウ）　絶対食べておくべき一本──── 10
ピンチョス　スペインな盛り上がり！──────── 11
ぎょうざ　満腹でも食欲が再加速！────────── 12
かけうどん　決定！　最強立ち食いうどん────── 13
肉とうふ　味の染みた豆腐が泣かせる──────── 14
若どり　骨を持ってかぶりつくシアワセ！────── 15
天城軍鶏のつなぎ　ハツとレバーのいいとこどり── 16
焼きチーズ　これは夢の共演だ！──────── 16
鴨はつ　鶏よりも上品かも────────────── 17
胸肉の白肝巻き　この手があったか！──────── 17
千寿あげ　ふんわりがたまらん！──────── 18
たぬき豆腐　単純なようで奥が深い────────── 19
スモーク豚バラ　豚バラ最強伝説──────── 20
目玉焼き　1個でも10個でも550円──────── 21
若鳥唐揚　鶏のすべてを味わえます────────── 22
つくね焼き　やさしさと旨さが同居────────── 24
ぎょうざのトマト　トマトのだし、きいてます── 25
シマチョウ　惚れ惚れする色艶です──────── 26
上ミノ青唐辛子　クセになる刺激あり！──── 27
めんたいこのアヒージョ　和洋の融合、未知との遭遇── 28
生ハムのおにぎり　そして中身は……!?──── 29
玉子焼（だし巻き）　ホッとする味わいです──── 30
燻玉ポテトサラダ　混ぜないと完成しません──── 31
ヤリイカのアイオリ　ふわふわのソースで！──── 32
里麺　ヘルシー！　クロレラ麺──────── 33
名物！　鉄板ホルモン焼き（タレ）　反則の旨さ！── 34
冷たい肉そば　進化系立ち食い蕎麦の元祖──── 35
温冷二種うどん（かけ＆ぶっかけ）　もう迷わない！── 36

近江黒鶏のかしわ焼き（たれ）　ベリーレア＆甘辛タレ！	37
三色小籠包　肉、烏龍、蟹が舞い踊る	38
松浪焼　深川風江戸っ子お好み焼き	39
ロースかつ定食・ハムカツ・カレールー　お値打ち！"渡部セット"	40

2000円以下の最強大満足皿

シビレまぜそば　鮮烈な辛さにシビレます	44
鉄板ナポリタン　深夜にキケンな一皿……	45
すだち蕎麦　体がリセットします	46
のりぶっかけ　ミネラルたっぷり！	47
担々麺　幅広麺に濃厚な汁がからむ！	48
チーズチーズチーズ　肉とチーズでどうだっ！	49
黄門そば　納豆に負けない強い蕎麦です	50
合盛＋けんちん汁　楽しさ倍増！	51
大アサリの生のり焼　横綱同士の大一番！的な旨さ	52
スジモダン焼　お好み焼き＋オムそば？	53
The King George（ザ・キングジョージ）　野菜たっぷりサンド！	54
クアトロチーズバーガー　チーズがけんかして仲直り!?	55
チャーシューエッグ定食　早朝の最強タッグだ！	56
ソニア焼　広島人が通うお好み焼き	58
ラムネギ塩　エンドレスでイケそう！	59
スパゲッティ辛ボナーラ　胡椒たっぷり！ワインが進む！	60
温製鎌倉野菜とイタリア産サラミの盛り合わせ　疲れた胃にしみます！	61
ねぎ月見そば　ねぎたっぷりのお好み焼きです	62
A.B.C.バーガー　ネットリ、カリカリ、トロリ	63
ブレザオラ　山形牛サーロインの生ハム！	64
ピッツァ リモーネ　爽快な香りと酸味	65
神戸牛ハンバーグ　神戸牛の重ね着です！	66
モッツァレラマッシュルーム　このコンビは満足感高し！	67
シルクロース　希少肉＋白飯。間違いない	68
黒豚スペアリブの肉じゃが　旨味の多重構造！	69

2000円以上の最強美味皿

- 赤坂名物 イチボのたたき　舌にからみつく官能……　— 72
- ピッツァ マルゲリータ　電車で行けるナポリ！　— 73
- 幻のタン　タンの部位食べ比べ　— 74
- メンチカツ　世界的シェフのテッペンの味　— 75
- オリーブオイルフォンデュ　"追いチーズ"もあります！　— 76
- 常陸牛のカルパッチョ　400倍濃厚ソース！　— 78
- 天ぷらそば　ジュッ！　という音もご馳走　— 79
- 特製黒毛和牛タン厚切り炭火焼ステーキ　外はカリカリ、中はしっとり　— 80
- カツレツ　老舗の風格が漂います　— 81
- 魚介のパエージャ　旨味オールスター！　— 82
- 沖縄豚バラ肉のスモーク ブラックキャベツゴルゴンゾーラスープ
  ココットの中に旨味が凝縮！　— 83
- ミックスのおおにし　肉とホルモンいいとこどり　— 84
- トリュフのふわふわスフレオムレツ　香りの三重奏！　— 85
- 処女牛の炭火焼ステーキ　完璧な火入れです　— 86
- スーパーホルモン　まさにスーパーな味！　— 87
- きょうすい うな太郎　うなぎ屋のすべてが詰まってます　— 88

コースの中の最強注目皿

- マルミット鍋　3種の締めがメイン　— 92
- 刺し盛り　最強のコスパです！　— 93
- ツクネ　官能世界が広がります　— 94
- スペシャリテ4種のチーズを包みこんだラヴィオリ　立体的なおいしさ！　— 95
- キノコしゃぶしゃぶ美楽黒湯コース　満足感あり、罪悪感なし！　— 96
- 熊本あか牛イチボ　肉好き垂涎の"登山"です　— 98
- 焼く鳥鍋　焼き鳥と鍋のオシャレな融合　— 99
- 豆水とうふ　体が喜ぶ鍋です　— 100
- 本日のおばんざい6品盛り　男の胃袋つかみます！　— 101

ブリめし　最強の肉丼！	102
ちゃんこ鍋　ヘルシーでボリューミー！	103
すきやき 極上牛サーロイン　関西風と関東風どっちも！	104
パルマ風生ハムサラミ盛り合わせ　切りたての幸せ	106
トリュフの手打ちタリオリーニ　香り高き締めパスタ	107
宍粟牛と雲丹の握り　強いもの同士が見事に調和	108
穴子小鍋　180尾の穴子のエキス入ってます	109
かき揚げにゅうめん　やさしい気配りがうれしい！	110
金目鯛のバッテラ　赤酢の酢飯との相性絶妙！	111

最強手土産のテイクアウト

黄ニラとモヤシの醤油焼きそば　心地よい食感残ります	114
トリュフフライ　香りでヒーローになれる！	114
紅生姜メンチカツ　ハイボールに合う！	115
古白鶏の南蛮サンド　絶品タルタルソース！	116
大学いも　冷めても旨い、懐かしい味	116
いなりずし　元役者がつくる気配りの一品	117
鯖棒寿司　上質な大人の手土産	118
玉子サンド　驚きのだし巻サンド	119
カスタムチョリパン　アルゼンチンのスパイシーホットドッグ	119

おわりに ── 122
ジャンル別索引 ── 124
エリア別索引 ── 126

Column

渡部の食言 その一　並べば入れる。── 42
渡部の食言 その二　罪悪感がない。── 70
渡部の食言 その三　胃はまた開く。── 90
渡部の食言 その四　埋もれない手土産。── 112
渡部の食言 番外編　高いけど、安い。── 120
お造り盛り合わせ／新潟県産青首鴨のテリーヌ

この本の使い方

この本では、渡部さんがお薦めする100皿を「単品メニュー（単品で注文できるもの）」「コースの中の一品」「テイクアウト」に分けて紹介しています。
記載した情報は2015年8月上旬時点のものです。メニュー内容や価格などが変更になる場合もあります。価格は原則として税抜価格です（店の表示が税込価格の場合は消費税8％を含んだ「税込」と表示しています）。店によってはサービス料、席料などがかかる場合もあります。またランチでは掲載したメニューを供していない場合があります。
記載した休日以外にも年末年始や夏季に休業する店もありますので、ご注意ください。

アイコンの見方 Icon Descriptions

シチュエーション　Situation
 一人またはカップル向き
Singles／Couples

 グループ向き
Groups

雰囲気　Atmosphere
 カジュアルな雰囲気
Casual

フォーマルな雰囲気
Formal

主な用途　Main Business
 食事がメイン
Restaurant

酒がメイン
Bar／Bar restaurant

ランチ営業　Lunch
 ランチ営業あり
Yes

 ランチ営業なし
No

禁煙・喫煙　Smoking
 禁煙（分煙含む）
No

 喫煙可
Yes

クレジットカード　Credit Card Accepted
 クレジットカード使用可
（一部のカードのみ使用可を含む）
Yes

 クレジットカード使用不可
No

外国語メニュー　Foreign Language Menu
外国語メニューあり　Yes
英語 English　 イタリア語 Italian　中国語 Chinese

外国語メニューなし　No

＊禁煙・喫煙は時間帯によって変わる場合もあります。

1000円以下の最強お値打ち皿

Reasonably-priced Dishes Under 1000yen

~¥1000

堀切菖蒲園／ホルモン焼き

Horikirishobuen / Horumon-yaki

もつ焼き好きは並んでも絶対に食べておくべき一本！

Shiro-tare (Teppo)
シロタレ（テッポウ）

1本 ¥100（税込）

　このシロタレは絶品です！　じっくり茹でたシロ（腸）を絶妙な火入れで焼き、甘すぎない上質のタレをまとって旨味がグイッと押し寄せます。これ1本で下町ハイボール1杯イケますね。下町の代表のような雰囲気の中で、これをつまみに飲むのはサイコー！　もつ好きなら絶対に食べておくべきです。ただし、行列必至の店なので、早めに並ぶことをお薦めします。

もつ焼のんき

Address 東京都葛飾区堀切5-20-15
TEL 03-3601-4052
Open 17:00～22:00　日祝は～21:00
Closed 水曜
京成本線堀切菖蒲園駅より徒歩3分
●もつ焼きの人気店。中でも一番人気のシロタレは一本100円（税込）で一皿4本400円（同）。

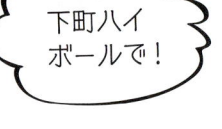

下町ハイボールで！

Shiro-tare (Teppo)
Roasted pork giblets with Japanese sauce

Motsu-yaki Nonki
Address 5-20-15 Horikiri, Katsushika-ku, Tokyo
TEL 03-3601-4052
Open 17:00～22:00
～21:00 on Sun. & national holidays
Closed Wed.

 watabe data

Pinchos
ピンチョス

絶対に盛り上がります！スペインの一口つまみ

1本 ¥220〜（税込）

〜¥1000

赤坂／スペイン料理

Akasaka / Spanish

見　た目が美しくて、少しずつつまめるスペインの一口つまみ"ピンチョス"は楽しいですよね。カウンターで好きなピンチョスをトレイに取るシステムで、料理が出来上がると鐘が鳴る演出もあります。お会計もピンの数で計算。大勢で行くと盛り上がりますよ。テイクアウトもできるので、ホームパーティや差し入れにも最適。"埋もれない"手土産として目立ちます！

手土産にもいいですよ！

Pinchos
Finger food from Spain's Basque Country

リザラン

Address 東京都港区赤坂3-2-6
赤坂光映ビル1F・B1
TEL 03-5572-7303
Open 8:00〜23:00（土日祝は短縮の場合あり）　**Closed** 無休
東京メトロ赤坂見附駅より徒歩3分
●ピンチョス専門店の日本初出店。予約した方がいい。

Lizarran

Address 1F・B1 3-2-6 Akasaka, Minato-ku, Tokyo
TEL 03-5572-7303
Open 8:00〜23:00
Closed Open 7days a week
HP http://lizarran.jp/

watabe data

~¥1000

亀戸／餃子

Kameido / Gyoza

締めのつもりで行っても食欲が再加速してしまいます

座ったら注文もしていないのに、いきなり餃子が出てくる店です（笑）。いつも近所で2、3軒飲んでから締めに行くので、軽くつまむ程度にしておこう……と思うのですが、キャベツたっぷりの軽やかな味わいで、しかも辛子をつけて食べるから新鮮な刺激も加わって食欲が再加速！　ついつい餃子とビールをお代わりしてしまいます。締めに行ったのに締まらない、という旨さです。

Gyoza
ぎょうざ

1皿 ¥250（税込）

亀戸ぎょうざ店

- Address 東京都江東区亀戸5-3-3
- TEL 03-3681-8854
- Open 11:00〜売り切れまで（19:00頃が多い）
- Closed 年末年始　8月末

JR亀戸駅より徒歩2分
●餃子専門店。注文は2皿〜。

Gyoza
Gyoza dumplings with meat and various domestic vegetables

Kameido Gyoza-ten
- Address 5-3-3 Kameido, Koto-ku, Tokyo
- TEL 03-3681-8854
- Open 11:00〜till sold out
- Closed New Year's holidays & the end of August

コシもあるし喉越しもいい。最強の立ち食いうどん！

Kake Udon
かけうどん

¥300

〜¥1000

五反田／うどん

Gotanda / Udon

最強の立ち食いうどんです。讃岐うどんはコシが強調されることが多いのですが、このかけうどんはコシもあるし喉越しもいい。やさしい風合い、澄んだ味わいのいりこだしとのバランスも抜群。ここにとり天とたまご天をトッピングしたら敵なしですね。朝から深夜まで開いているので、朝食にも、ちょっと小腹が空いたときにも、酒の後の締めにも行けます。

トッピングはとり天を！

おにやんま

Address 東京都品川区西五反田1-6-3
TEL 都合により掲載できません
Open 7:00〜27:00　日祝は〜24:00
Closed 無休
JRなど五反田駅より徒歩2分
●冷ぶっかけ、温かけ各300円。とり天120円、たまご天90円などのトッピングも。

Kake Udon
Udon noodles without topping

Oniyamma
Address 1-6-3 Nishigotanda, Shinagawa-ku, Tokyo
TEL Unlisted
Open 7:00〜27:00
〜24:00 on Sun. & national holidays
Closed Open 7days a week

watabe data

Niku Tofu
肉とうふ

¥320（税込）

北千住／居酒屋　Kitasenju / Izakaya　~¥1000

森　下の「山利喜」、月島の「岸田屋」と並ぶ"東京三大煮込み"の名店です。長年継ぎ足してきた醤油ベースのタレでトロトロに煮込まれた牛すじは、一朝一夕には出ない深い味わい。そのだしが豆腐にも染み込んで、これがまた感動的に旨い。「肉とうふ、肉抜きで」なんて頼む常連もいますからね。七味を雑にかけて、焼酎の梅シロップ割を一杯、がいいですね！

大はし

Address 東京都足立区千住3-46
TEL 03-3881-6050
Open 16:30〜22:00(L.O.)
Closed 土曜　日曜　祝日
JRなど北千住駅より徒歩5分
●東京を代表する居酒屋のひとつ。牛すじの煮込み320円（税込）。

Niku Tofu
Stewed beef and tofu

Ohashi
Address 3-46 Senju, Adachi-ku, Tokyo
TEL 03-3881-6050
Open 16:30〜22:00(L.O.)
Closed Sat., Sun. & national holidays

東京三大煮込みの一角。
味の染みた豆腐が泣かせる！

牛すじが
トロットロ！

Wakadori
若どり

2本 ¥380（税込）

~¥1000

北千住／串かつ

Kitasenju / Kushikatsu

骨を持ってアツアツに
かぶりつくシアワセ！

北千住の立ち飲みと言えば、天七。天七といえば関西風串揚げですが、串ではなく骨付きの若鶏が旨い！ カリッとした衣の中の鶏肉は実にジューシーで焼鳥とも唐揚げとも違う味わい。やはり肉は骨付きが旨い、と思いますね。骨を持って口の中が火傷しそうなくらいの揚げたて熱々にかぶりつき、ハイボールをクイっと。ああ、シアワセ。

関西風串カツ専門店　天七

- Address 東京都足立区千住2-62
- TEL 03-3882-2879
- Open 16：00～21：45(L.O.)
  土曜は～20：45(L.O.)
- Closed 日曜　祝日　第2土曜

JRなど北千住駅より徒歩1分

●若どりは1皿2本で380円（税込）。串揚げは1本160円（税込）～、ウイスキーハイボール550円（税込）。

Wakadori
Fried bone-in chicken

Kansai-fu Kushi-katsu Semmonten Tenshichi

- Address 2-62 Senju,Adachi-ku,Tokyo
- TEL 03-3882-2879
- Open 16：00～21：45(L.O.) ～20：45(L.O.) on Sat.
- Closed Sun.,national holidays & 2nd Sat.

watabe data

〜1000

四谷三丁目／焼き鳥
Yotsuya-Sanchome / Yakitori

ハツの食感と
レバーの風味を
一緒に味わえる！

Amagi-shamo no Tsunagi
天城軍鶏のつなぎ
¥400

"つなぎ"は、心臓と肝臓をつなぐ希少部分で、ハツの食感とレバーの風味を合わせて味わえる深い旨味です。一日1、2本しか取れないので、あればラッキー！

焼鳥 おがわ

Address 東京都新宿区荒木町9-1 ウインド荒木町1-R
TEL 03-5315-4630
Open 17:00〜23:00
Closed 月曜

東京メトロ四谷三丁目駅より徒歩3分
●コースは3500円〜。予約した方がいい。

Amagi-shamo no Tsunagi
Grilled tsunagi (the area connecting the heart and liver) of Amagi chicken (game fowl)

Yakitori Ogawa
Address 1-R 9-1 Araki-cho, Shinjuku-ku, Tokyo
TEL 03-5315-4630
Open 17:00〜23:00
Closed Mon.

watabe data

銀座／焼き鳥
Ginza / Yakitori

Yaki Cheese
焼きチーズ
¥650

濃厚なコクがあり、口溶けがよくて、風味も豊か。岡山・吉田牧場の絶品かつ希少なカチョカバロチーズを名人の和田利弘さんが焼く、これは夢の共演です！

吉田牧場のチーズを
焼き名人が焼くという
夢の共演

バードランド

Address 東京都中央区銀座4-2-15 塚本素山ビルB1
TEL 03-5250-1081
Open 17:00〜21:30(L.O.)
Closed 日曜　月曜　祝日

東京メトロ銀座駅より徒歩1分
●コースは6300円〜。予約した方がいい。

Yaki Cheese
Grilled caciocavallo cheese on a skewer

Bird land
Address B1 4-2-15 Ginza, Chuo-ku, Tokyo
TEL 03-5250-1081
Open 17:00〜21:30(L.O.)
Closed Sun., Mon. & national holidays
HP http://ginza-birdland.sakura.ne.jp

watabe data

Kamo-hatsu
鴨はつ ¥300（税込）

確かな技を持つ主人が
繊細に焼く
鶏よりも上品なハツ

鶏のハツに比べて、香りや歯触り、味わいが上品なのに驚きます。大塚の名店「蒼天」出身で、確かな技を持っている主人だからこその繊細な一串ですね。

とり茶太郎

Address 東京都渋谷区鶯谷町7-12
TEL 03-6416-0364
Open 18：00〜23：15（L.O.）
日曜は17：00〜22：15（L.O.） **Closed** 月曜
JRなど渋谷駅より徒歩7分
●肉詰めしいたけ400円（税込）もお薦め。コースは2400円（税込）〜。予約した方がいい。

Kamo-hatsu
Grilled duck heart

Torichataro
Address 7-12 Uguisudani-cho,Sibuya-ku,Tokyo
TEL 03-6416-0364
Open 18：00〜23：15（L.O.）,
17：00〜22：15（L.O.）on Sun.
Closed Mon.

渋谷／焼き鳥　Shibuya／Yakitori

〜¥1000

Muneniku no Shirogimo-maki
胸肉の白肝巻き ¥450

胸肉と白レバーを一緒に味わえる、贅沢かつ画期的な一串です。レバーがソースのような感じで、大葉もいいアクセント。この手があったか！と唸りました。

たて森

Address 東京都中央区銀座2-14-8
伊藤ビル1F
TEL 03-6278-7759
Open 18：00〜21：00入店
Closed 日曜　祝日
東京メトロ東銀座駅、新富町駅より各徒歩5分
●焼きニラめし 850円もお薦め。コースは5800円〜。予約した方がいい。

Muneniku no Shirogimo-maki
Grilled chicken breast wrapped with white liver

Tatemori
Address 1F 2-14-8 Ginza,Chuo-ku,Tokyo
TEL 03-6278-7759
Open 18：00〜21：00（last entry）
Closed Sun. & national holidays

銀座／焼き鳥　Ginza／Yakitori

この手があったか！
思わず唸る画期的で贅沢な一串

~¥1000

北千住／居酒屋
Kitasenju / Izakaya

揚げたてのふんわりした食感がたまりません！

Senju-age
千寿あげ

¥470（税込）

人気居酒屋の名物料理、自家製の玉ねぎ入りさつま揚げです。さつま揚げとは思えないほどふんわりした口当たりにまず驚くし、玉ねぎの甘味とささがきごぼうの香りが口の中にふわっと広がるのに感動します。つくり置きはせず、常に揚げたてが出てくるのも嬉しいですね。ワサビをちょっとつけながら食べると、さらに風味がアップ。酒量もアップ！

ワサビで風味アップ！

Senju-age
Deep-fried minced fish

Senju no Nagami
Address 2-62 Senju, Adachi-ku, Tokyo
TEL 03-3888-7372
Open 15:30〜22:30 〜22:00 on Sat.
Closed Sun., national holidays & 3rd Mon.
HP http://www.senju-nagami.com

千住の永見

Address 東京都足立区千住2-62
TEL 03-3888-7372
Open 15:30〜22:30　土曜は〜22:00
Closed 日曜　祝日　第3月曜
JRなど北千住駅より徒歩1分
●料理が豊富な人気店。にんにく入りの千寿あげは520円（税込）。18時までなら予約可。

watabe data

冷やしたぬき蕎麦の豆腐版。
単純なようで、奥が深い！

〜￥1000

赤羽／居酒屋
Akabane / Izakaya

Tanuki-dofu
たぬき豆腐
￥500

これだけで飲めちゃう！

そ ばつゆに冷奴を入れて、揚げ玉、カニカマ、キュウリ、ワカメをのせた、いわば冷やしたぬき蕎麦の豆腐バージョン。なんてことない一品だけど、旨い！ 自家製のつゆや海老入り揚げ玉が豆腐と合う！ 具材をつまんで酒を飲み、最後は全部混ぜてしまう。残ったつゆまでつまみになります。さすがは朝から呑ん兵衛が集まる酒場の名物料理です。単純なようで奥が深い！

鯉とうなぎのまるます家

Address 東京都北区赤羽1-17-7
TEL 03-3902-5614
Open 1階は9：00〜21：00(L.O.)
2階は〜20：30(L.O.)
Closed 月曜（月曜が祝日の場合翌火曜）
月に1回火曜
JRなど赤羽駅より徒歩3分
●鯉料理や鰻料理、多彩な肴と酒が揃う。

Tanuki-dofu

An original dish with tofu and bits of fried tempura batter and crabsticks

Koi to Unagi no Marumasu-ya

Address 1-17-7 Akabane,Kita-ku,Tokyo
TEL 03-3902-5614
Open 1st Floor：9：00〜21：00(L.O.)
2nd floor： 9：00〜20：30(L.O.)
Closed Mon.(Tue.,if Mon.is a national holiday) &
Tue. once a month

watabe data

〜¥1000

中目黒／ホルモン焼き Nakameguro / horumon-yaki

肉の中で豚バラ肉が最強！
と思うくらい旨い！

Smoke Buta-bara
スモーク豚バラ ¥500

スモーク感が
たまらない！

ス ライスしてからスモークした豚バラ肉を炙って食べると、脂とともに一度閉じこもった旨味が染み出てきてピカピカ輝きます。これを食べると、肉の中で豚バラ肉が最強！豚バラの脂が一番好き！と思いますね。たっぷりの黒胡椒がまた酒を呼ぶんです。どんな酒にも合うのもこの料理の素晴らしいところ。ホルモン焼きも旨いのですが、これは必ず注文します。

Smoke Buta-bara
Smoked pork belly

小野田商店

Address 東京都目黒区上目黒3-7-3 野尻ビル1F
TEL 03-3760-6541
Open 18:00〜25:00（最終入店）
金曜は〜26:00（最終入店） Closed 火曜
東急線中目黒駅より徒歩1分
●ホルモン焼きの店。少量の盛り合わせなども注文可。予約した方がいい。

Onodashoten
Address 1F 3-7-3 Kamimeguro, Meguro-ku, Tokyo
TEL 03-3760-6541
Open 18:00〜25:00 (last entry)
〜26:00 (last entry) on Fri.
Closed Tue.

 watabe data

Medama-yaki
目玉焼き

¥550

~¥1000

立会川／焼きとん
Tachiaigawa / Yaki-ton

1個でも10個でも550円。どこをどうつまんでも肴に！

呑ん兵衛の間では有名な店、名物の目玉焼きがスゴイ。マヨネーズで和えたキャベツに目玉焼きがのり、胡椒と魚粉がかかっているというザックリした一皿。しかも、オヤジ曰く「めんどくせーから」ということで卵10個まで値段が同じ。10個で頼むと焼き具合にバラツキがあるから、異なる食感を楽しめます。どこをどうつまんでもつまみになる、最強の目玉焼きです。

お山の大将

Address 東京都品川区南大井1-6-8
TEL 03-3764-4197
Open 17:00～23:00　土曜は16:00～
Closed 日曜　祝日の月曜
京浜急行立会川駅より徒歩3分
●焼きとんの店だが、多彩なメニューも人気。予約した方がいい。

Medama-yaki
Multiple fried eggs with fishmeal

Oyama no Taisho
Address 1-6-8 Minamioi, Shinagawa-ku, Tokyo
TEL 03-3764-4197
Open 17:00～23:00 16:00～on Sat.
Closed Sun., Mon. on national holidays

~¥1000

立石／鳥料理 Tateishi / Toriryori

鶏のすべてを味わえます。
箸パフォーマンスも楽しい！

Wakadori-karaage
若鳥唐揚

¥580～（税込）

若

鶏の半身を素揚げしたど迫力！ 鶏肉店がやっているだけあり（奥に鳥料理の店がある）、毎朝届く新鮮な鶏肉を使い、皮はパリパリ、肉はジューシー。骨の周りの旨いところを含め、鶏肉の醍醐味すべてを味わえます。鶏肉を一番旨く食べる方法でしょう。まずはポン酢刺しを頼んで、その残りのタレをつけるのがお約束。

鳥房

Address 東京都葛飾区立石7-1-3
TEL 03-3697-7025
Open 16:00～21:00(L.O.)　日祝は15:00～20:30(L.O.) 売り切れ次第閉店
Closed 火曜
京成押上線京成立石駅より徒歩3分
●若鳥唐揚の値段は大きさによって変わる。飲酒者入店禁止なのでご注意！

Wakadori-karaage
Fried chicken

Torifusa
Address 7-1-3 Tateishi,Katsushika-ku,Tokyo
TEL 03-3697-7025
Open 16:00～21:00(L.O.)　15:00～20:30(L.O.) on Sun. & national holidays (till sold out)
Closed Tue.

~¥1000

門前仲町 / 居酒屋
Monzennakacho / Izakaya

やさしさと旨さが同居。
辛子や七味でちびちびと

Tsukune-yaki
つくね焼き ¥600

国産の鶏挽肉を使い、生姜をきかせた手づくりつくねで、やさしさと旨さが同居している感じです。串のつくねは一口のサイズが決まっているし、串から外すのはご法度の気がしますが、これは自分のペースで少しずつ食べられるのがうれしい。辛子をたっぷりつけたり、七味をふったり。酒の肴に最高です。美人のお姉様（？）の看板姉妹がつくる酎ハイが実に合います！

だるま

Address 東京都江東区門前仲町2-7-3
TEL 03-3643-4489
Open 16：30～21：50（L.O.）
Closed 日曜　祝日

東京メトロ門前仲町駅より徒歩2分
●串焼きを中心に多彩なつまみが揃う居酒屋。予約した方がいい。

酎ハイが
合います！

Tsukune-yaki
Grilled ground chicken

Daruma
Address 2-7-3 Monzennakacho, Koto-ku, Tokyo
TEL 03-3643-4489
Open 16：30～21：50（L.O.）
Closed Sun. & national holidays

 watabe data

肉の旨味とトマトのだしが
溶け合って上質なスープに！

～¥1000

新橋／中国料理

Shimbashi / Chinese

Gyoza no Tomato
ぎょうざのトマト

¥600

　この餃子は本当に楽しい！　甘辛ピーマン、大葉、ナス、レモンなど、具のバリエーションが多彩だし、焼き、水、蒸しを選べるので、食べ続けてもまったく飽きません。中でもお薦めなのがトマトの蒸し餃子。豚肉の旨味とトマトから出る"だし"が溶け合って上質なスープを感じるし、トマトの酸味や甘味がアクセントになって絶妙のバランス。ぜひお試しを！

一味 玲玲

Address 東京都港区新橋3-19-2 2F
TEL 03-3432-9073
Open 11：30〜14：00　16：00〜23：00（L.O.）
土曜は16：00〜24：00
Closed 日曜　祝日
JRなど新橋駅より徒歩3分
●餃子中心の中国料理店。隣接して2号店もある。

Gyoza no Tomato
Gyoza dumplings with tomato

Ichimi Reirei
Address 2F 3-19-2 Shimbashi, Minato-ku, Tokyo
TEL 03-3432-9073
Open 11：30〜14：00　16：00〜23：00（L.O.）
16：00〜24：00 on Sat.
Closed Sun. & national holidays

watabe data

~¥1000

亀戸／ホルモン焼き

Kameido / Horumon-yaki

惚れ惚れする色艶です。
大振りなカットもうれしい！

Shimacho
シマチョウ

¥680

このシマチョウは見事に美しい！ 生で食いたくなるくらいです。この色艶だけでも新鮮な素材を丁寧に扱っていることがわかりますよね。焼くと煙モクモクになるくらい脂が入っているのですが、上質の旨さがあります。最近、ホルモン焼きが上品に懐石化しているような気がしますが、ここは上質だけどカットが大振りでド迫力。うれしいですね。ホッピーください！

ホルモン 青木

Address 東京都江東区亀戸5-13-1
TEL 03-3682-3090
Open 17:00〜22:30(L.O.) 土曜は12:00〜22:30(L.O.) 日曜は12:00〜21:30(L.O.)
Closed 月曜(月曜が祝日の場合翌火曜)
JRなど亀戸駅より徒歩1分
●上質で大振りなホルモンが人気の店。予約した方がいい。

Shimacho
Grilled beef offal

Horumon Aoki
Address 5-13-1 Kameido, Koto-ku, Tokyo
TEL 03-3682-3090
Open 17:00〜22:30(L.O.)
12:00〜22:30(L.O.) on Sat.
12:00〜21:30(L.O.) on Sun.
Closed Mon. (Tue., if Mon. is a national holiday)

~¥1000

不動前 焼肉 Fudomae / Yakiniku

Jo-mino Aotogarashi
上ミノ青唐辛子
¥650（税込）

鮮度抜群の上ミノと青唐辛子の刺激がたまらん！

鮮度抜群の上ミノが青唐辛子の刺激をまとうと、こんなに鮮烈な味になるのか！と驚く一品です。どこで飲み込んでいいのかわからないようなミノがよくありますよね。でも、このミノはやわらかくちょっとサクッとした感じで、食べ心地がいい。そこにピリッと辛味がくるから酒が進むこと。上質な赤身肉が特徴の店ですが、この一皿は絶対にはずせません！

この刺激はクセになる！

Jo-mino Aotogarashi
Grilled special beef rumen with green chili

Yakiniku Shimizu
- **Address** 2F 4-29-13 Nishigotanda, Shinagawa-ku, Tokyo
- **TEL** 03-3492-2774
- **Open** 17:00〜23:00（L.O.）〜22:00（L.O.）on Sun.
- **Closed** Mon.（Tue., if Mon. is a national holiday）
- **HP** http://www.yakiniku-shimizu.com/

焼肉 しみず

- **Address** 東京都品川区西五反田4-29-13 TYビル2F
- **TEL** 03-3492-2774
- **Open** 17:00〜23:00（L.O.） 日曜は〜22:00（L.O.）
- **Closed** 月曜（月曜が祝日の場合翌火曜）

東急目黒線不動前駅より徒歩1分
●上質な焼肉が人気。予約した方がいい。

 watabe data

~¥1000

中目黒／ビストロ

Nakameguro / Bistro

和洋の融合、未知との遭遇。
思わず唸るおいしさです

Mentaiko no Ahijo
めんたいこのアヒージョ ¥590

明 太子とオリーブオイルがこんなに合うなんて知りませんでした。周りに少し火が入った明太子は旨味や塩気がグラデーションになっているし、下に敷かれた千切りジャガイモとも実によく合う。そして味が入ったオリーブオイルをバゲットにつけて食べる。「これがあれば白飯を丼3杯はイケる」などと言いますが、このアヒージョがあればバゲット1本はイケます！

東京おばんざい
和 BISTRO gg（じじ）

Address 東京都目黒区上目黒2-7-4
コートモデリア中目黒103
TEL 03-6412-8887
Open 17:30～25:00
Closed 火曜
東急東横線中目黒駅より徒歩2分
●バゲットは390円。創作料理が豊富な和ビストロ。予約した方がいい。

Mentaiko no Ahijo
Spicy cod roe stewed in olive oil and garlic

Tokyo Obanzai Wa Bistro gg
Address 103 2-7-4 Kamimeguro,Meguro-ku,Tokyo
TEL 03-6412-8887
Open 17:30～25:00
Closed Tue.

Nama-hamu no Onigiri
生ハムのおにぎり ¥680

~¥1000

中目黒／和食

Nakameguro / Washoku

パルマ産の生ハムで巻き、中には煮穴子が入っているおにぎりです。和食の一品なのに、見た目が洋風、でも中の具材は和食、というジェットコースターのような料理。でも、温かいご飯と生ハムの塩気は意外なくらいよく合います。煮穴子もまったく違和感がなく、むしろ完全に調和します。ご飯は懐が深い、おにぎりって凄い！と脱帽してしまうおにぎりです。

パルマ産生ハムと煮穴子が調和するおにぎりって凄い！

一饗（いっきょう）

Address 東京都目黒区上目黒2-10-7 アサミビル1F
TEL 03-5768-1819
Open 18:00～23:45 土祝は～23:00
Closed 日曜　月に1回月曜
東急線中目黒駅より徒歩4分
●旬の食材を使った多彩な一品料理が揃う。予約した方がいい。

Nama-hamu no Onigiri
Rice ball with prosciutto（raw ham）and stewed conger-eel

Ikkyo
Address 1F 2-10-7 Kamimeguro, Meguro-ku, Tokyo
TEL 03-5768-1819
Open 18:00～23:45
～23:00 on Sat. & national holidays.
Closed Sun. & Mon. once a month
HP ikkyo.com

Tamago-yaki (Dashi-maki)
玉子焼
(だし巻き)

¥730

~¥1000

白金／蕎麦
Shirokane / Soba

だしが効いていて甘さ控えめで、素晴らしいバランスです。自己主張しすぎず、かといって弱すぎず。この絶妙な味わいが、メインの蕎麦へとスムーズに誘ってくれます。そう、蕎麦屋の料理は重要です。メインの蕎麦を食べるまでのプロセスによって蕎麦の味わいが変わってくるからです。この玉子焼は料理としてはもちろん、蕎麦の前菜として素晴らしいのです。

三合菴（さんごうあん）

Address 東京都港区白金5-10-10 白金510 1F
TEL 03-3444-3570
Open 11:30～14:00　17:30～21:30
Closed 水曜　第3木曜
東京メトロ広尾駅より徒歩13分
●端整な蕎麦と料理に定評がある。要予約。

Tamago-yaki (Dashi-maki)
Japanese omelet

Sangoan
Address 1F 5-10-10 Shirokane,Minato-ku,Tokyo
TEL 03-3444-3570
Open 11:30～14:00　17:30～21:30
Closed Wed. & 3rd Thu.

だしと甘みのバランスが絶妙。
蕎麦の前菜として理想的

ホッとする味わいです！

燻製玉子とジャガイモを
混ぜると完成する高みの味

〜¥1000

渋谷／居酒屋 Shibuya / Izakaya

Kuntama Potato Salad
燻玉ポテトサラダ

¥700（写真は½人分）

（）ろいろなポテサラがありますが、これはひとつの最高峰ですね。燻製をかけた玉子の香りが素晴らしい、ジャガイモの風味がいい、粒マスタードドレッシングとのバランスがいい。それぞれの素材の味だけでも楽しめるのに、玉子を崩してジャガイモと混ぜることによって、さらなる高みの味が完成する。店のセンスのよさを感じるし、やはり最強のポテサラですね。

高太郎

Address 東京都渋谷区桜丘町28-2 三笠ビル1F
TEL 03-5428-5705
Open 18:00〜25:00(L.O.)
Closed 日曜　第1月曜
JRなど渋谷駅より徒歩4分
●旨い料理と酒が充実した人気居酒屋。予約した方がいい。

Kuntama Potato Salad
Potato salad served with smoked eggs

Kotaro
Address 1F 28-2 Sakuragaoka-cho, Shibuya-ku, Tokyo
TEL 03-5428-5705
Open 18:00〜25:00(L.O.)
Closed Sun. & 1st Mon.
HP http://www.ameblo.jp/kotaro-info/

~¥1000

渋谷／ビストロ

Shibuya / Bistro

男もハマります！

Yariika no Aioli
ヤリイカのアイオリ ¥800

新 鮮な魚介と野菜が楽しめて、ふわふわのアイオリソース（ニンニク入りマヨネーズ風ソース）がまたおいしい！ 魚介に合う！ 見た目も鮮やかなので、絶対に女子はハマります。そういえば、魚介中心のビストロは意外になかったですね。カウンターでその日の魚介と調理法を相談して食べる、割烹のようなスタイルも楽しい。やっぱり男もハマる店ですね！

Äta (アタ)

- **Address** 東京都渋谷区猿楽町2-5 1F
- **TEL** 03-6809-0965
- **Open** 17：00〜27：00
- **Closed** 日曜

JRなど渋谷駅、東急東横線代官山駅より各徒歩8分
●魚介中心の人気ビストロ。要予約。

新鮮な魚介と野菜をふわふわのアイオリソースで！

Yariika no Aioli
Spear squid with aioli sauce

Äta

- **Address** 1F 2-5 Sarugaku-cho, Shibuya-ku, Tokyo
- **TEL** 03-6809-0965
- **Open** 17：00〜27：00
- **Closed** Sun.
- **HP** http://ata1789.com

 watabe data

特製クロレラ麺のコシと軽やかなタレのヘルシー麺

~¥1000

神楽坂／中国料理

Kagurazaka / Chinese

Leemen
里麺
¥850（税込）

飲んだ後の締めにも！

野菜中心のヘルシーな料理がウリの店だけあって、麺も健康的！ 緑色の麺はクロレラを練り込んであり心地よいコシがあります。ザーサイ、チャーシュー、長ネギとシンプルな具と醤油と胡麻油ベースの軽やかなタレも麺とマッチしています。食べ終えても罪悪感のない、美しい麺料理ですね。ランチはもちろん、酒を飲んだ後の締めにもいいんです。

Leemen
Cold Chinese chlorella noodles with zha cai (pickled mustard plant), pork, and green onions

中国菜 膳楽房

Address 東京都新宿区神楽坂1-11-8
TEL 03-3235-1260
Open 11:30～14:30 (L.O.)
17:00～22:00 (L.O.)
Closed 月曜 不定休あり
JRなど飯田橋駅より徒歩2分
●野菜を中心とした健康的な料理が揃う。予約した方がいい。

Chugokusai Zenrakubo
Address 1-11-8 Kagurazaka,Shinjuku-ku,Tokyo
TEL 03-3235-1260
Open 11:30～14:30 (L.O.)　17:00～22:00 (L.O.)
Closed Mon. & irregular
HP http://zenrakubou.on.omisenomikata.jp/

watabe data

表参道／お好み焼き　Omotesando / Okonomiyaki

食欲大増進の一皿！

Meibutsu! Teppan Horumon-yaki (tare)
名物！鉄板ホルモン焼き（タレ）

¥880

番人気メニューの鉄板ホルモン焼きタレ焼き。黒毛和牛の小腸を鉄板で焼いて、これだけでも旨いのに、ふわふわの半熟卵、青ネギ、食欲をそそる自家製の甘いタレと一緒に食べるんですよ！　これは反則です！　これを食べると胃が大開放してしまって、いろんな料理をあれこれ食べてしまいます。だから、いつもなかなかお好み焼きまでたどり着かない……。

上質のホルモン焼きをふわふわ卵と。これは反則の旨さ！

Meibutsu! Teppan Horumon-yaki (tare)
Grilled beef offal (teppanyaki-style) with eggs & sauce

Okonomi Tamachan Aoyama-ten
- Address: 1F 3-5-9 Kitaaoyama,Minato-ku,Tokyo
- TEL: 03-3408-5600
- Open: 18：00～25：30（L.O.）
- Closed: Sun.
- HP: http://www.transit-web.com/shop/okonomi-tamachan-aoyama/

お好みたまちゃん 青山店

- Address: 東京都港区北青山3-5-9 桂北青山ビル 1F
- TEL: 03-3408-5600
- Open: 18：00～25：30（L.O.）
- Closed: 日曜

東京メトロ表参道駅より徒歩3分
●大阪の人気店の東京１号店。酒に合う鉄板料理が揃う。要予約。

watabe data

虎ノ門／蕎麦　Toranomon / Soba

〜¥1000

イメージを覆す衝撃の味わい。
進化系立ち食い蕎麦の元祖

太めでコシのある蕎麦、ボリュームたっぷりの肉、ピリ辛のつゆ。そこに玉子を入れることで刺激とまろやかさが同居し、より深い味わいに……。最初に食べたときは衝撃的でしたね。バーのようなシックな雰囲気といい、いわゆる立ち食い蕎麦のイメージを完全に覆しました。進化系立ち食い蕎麦屋が続々登場していますが、ここが元祖です。さすが島耕作も通う店。

港屋

Address 東京都港区西新橋3-1-10
TEL 03-5777-6921
Open 11:30〜17:00　17:30〜20:00
売り切れ仕舞い
Closed 土曜　日曜　祝日
東京メトロ虎ノ門駅より徒歩10分
●鮮烈な味わいの立ち食い蕎麦屋。お昼時は行列必至。

Tsumetai Niku-soba
冷たい肉そば

¥870（税込）

Tsumetai Niku-soba
Cold soba noodles with meat

Minatoya
Address 3-1-10 Nishishimbashi, Minato-ku, Tokyo
TEL 03-5777-6921
Open 11:30〜17:00　17:30〜20:00 (till sold out)
Closed Sat., Sun. & national holidays

Onrei Nishu Udon (Kake & Bukkake)
温冷二種うどん（かけ&ぶっかけ）

¥900

高田馬場／うどん
Takadanobaba / Udon

温か冷かで悩む人に朗報。王道の讃岐うどんを食べ比べ！

うどんはいつも悩むんですよね。温かいのと冷たいの、どちらにするか。そんな悩みを解決してくれたのがコレ！　かけとぶっかけのセットはありがたい。しかも、讃岐うどんの王道をいく味わい。打ちたて切りたて茹でたての麺は香りもコシも素晴らしく、厳選した昆布やいりこなどでつくるつゆも旨い。温と冷で風味や味わいが異なるので、食べ比べる楽しさもあります。

うどん 蔵之介

Address 東京都豊島区高田3-7-15 1F
TEL 03-3987-9945
Open 11:00～14:00　17:00～21:00
土曜は11:30～15:00　17:00～20:00
Closed 日曜　祝日　月曜の夜
東京メトロ高田馬場駅より徒歩2分
●讃岐うどんの店。夜は2人以上なら予約可。

Onrei Nishu Udon (Kake & Bukkake)
Warm and cold udon noodles

Udon Kuranosuke
Address 1F 3-7-15 Takada,Toshima-ku,Tokyo
TEL 03-3987-9945
Open 11:00～14:00 17:00～21:00
11:30～15:00 17:00～20:00 on Sat.
Closed Sun., national holidays & dinner on Mon.
HP http://www.udon-kuranosuke.com/

Omi Kokkei no Kashiwa-yaki (tare)
近江黒鶏のかしわ焼き（たれ）

¥880

神泉／ビストロ
Shinsen / Bistro

〜¥1000

新鮮な地鶏を ベリーレア＆ 甘辛タレで。たまらん！

　これは間違いなくみんなが好きな味です。新鮮な地鶏、近江黒鶏をベリーレアでやわらかく焼いて赤味噌と醤油の甘辛タレでからめているのですが、このタレがずるい！ 鶏を一番旨く食べるための方法はコレですね。学生だったら、これで白飯何杯食べられるか競争しているはず。僕はあふれるほど注いでくれる名物"こぼれデキャンタ"でワインを飲みますけどね。

かしわビストロ バンバン

Address 東京都渋谷区神泉町2-8 小島ハイツ1F
TEL 03-6416-4645
Open 18：00〜24：00（L.O.）　土曜は17：00〜24：00（L.O.）　日祝は17：00〜22：30（L.O.）
Closed 無休
京王井の頭線神泉駅よりすぐ
●鶏料理中心のビストロ。要予約。

Omi Kokkei no Kashiwa-yaki (tare)
Grilled chicken with red-miso sauce

Kashiwa Bistro BanBan

Address 1F 2-8 Shinsencho, Shibuya-ku, Tokyo
TEL 03-6416-4645
Open 18：00〜24：00（L.O.）
17：00〜24：00（L.O.）on Sat.
17：00〜22：30（L.O.）on Sun. & national holidays
Closed Open 7days a week
HP http://www.kashiwabanban.com/

watabe data

〜￥1000

恵比寿／中国料理

Ebisu / Chinese

Sanshoku Shorompo
三色小籠包 ￥954

見ただけできっちりつくってあることがわかる小籠包ですよね。しかも、極薄皮の中に旨味たっぷりの肉汁が入った基本の小籠包のほかに、烏龍小籠包、蟹肉小籠包の3種類を一度に味わえます。それぞれ香りや味わいが異なるので食べ飽きないですね。小籠包はスープを含んだ餡が醍醐味ですが、これは皮もしっかり旨い。本当にいくつでも食べられそうです。

肉、烏龍、蟹と3種の美味。皮もしっかり旨い！

京鼎樓（ジンディンロウ）HANARE
Address 東京都渋谷区恵比寿4-3-1
クイズ恵比寿1F
TEL 03-5795-2213
Open 11:30〜14:30（L.O.）17:30〜23:00（L.O.）日祝は11:30〜15:00（L.O.）17:30〜22:00（L.O.）
Closed 無休
JRなど恵比寿駅より徒歩1分
●台湾点心の店。要予約。

Sanshoku Shorompo
3 types of shorompo sour dumplings

Jindinrou Hanare
Address 1F 4-3-1 Ebisu,Shibuya-ku,Tokyo
TEL 03-5795-2213
Open 11:30〜14:30（L.O.）
17:30〜23:00（L.O.）／11:30〜15:00（L.O.）
17:30〜22:00（L.O.）on Sun. & national holidays
Closed Open 7days a week
HP http://www.jin-din-rou.net/shop_hanare.html

watabe data

~¥1000

人形町 お好み焼き Ningyocho / Okonomiyaki

アサリとネギがきいてます。
深川風江戸っ子お好み焼き

古くて新しい味わいです！

普通のお好み焼きのようですが、これはアサリとネギの和風お好み焼きなんです。しかも醤油で食べるので貝の旨味がしっかり感じられてお好み焼きとは違うおいしさがあります。深川めしのような風合いですね。ビールでもいいけど日本酒も合う。女将さんも素敵だし、いい雰囲気の店内でこれをつまみに酒を飲んでいると、東京の原点、というより江戸を感じます。

Matsunami-yaki
松浪焼 ¥900

Matsunami-yaki

Okonomiyaki pancakes with clams and spring onions

松浪

Address 東京都中央区日本橋人形町2-25-6
TEL 03-3666-7773
Open 11:30〜13:30（お弁当のみ）
17:00〜21:30（L.O.）
Closed 日曜　祝日
東京メトロ人形町駅より徒歩3分
●お好み焼きの老舗。ランチはお弁当のみ。予約した方がいい。

Matsunami

Address 2-25-6 Nihombashi-ningyocho, Chuo-ku, Tokyo
TEL 03-3666-7773
Open 11:30〜21:30 (lunch box only)
17:00〜21:30 (L.O.)
Closed Sun. & national holidays

watabe data

〜¥1000

椎名町／とんかつ
Shiinamachi / Tonkatsu

食べ方もいろいろ、満足満腹。"渡部セット"は驚異のコスパ！

Rosu-katsu Teishoku, Ham-katsu and Curry roux

ロースかつ定食・ハムカツ・カレールー

¥1000（税込）

ロースかつ（75g）定食にハムカツとカレールーをトッピングして1000円。勝手に"渡部セット"と呼ばせてもらいますが、驚異のコストパフォーマンスですよ。とんかつはきちんとおいしいし、分厚いハムカツも旨い。肉を煮込んだ感じのカレーもイケてる。ご飯にのせてカツカレーにしてみたり、ハムカツをカレーにつけてみたり、いろいろな食べ方ができるのも楽しい！

とんかつ おさむ

Address 東京都豊島区南長崎1-3-11
TEL 03-3951-4961
Open 11:30〜14:00 売り切れ次第閉店
Closed 日曜
西武池袋線椎名町駅より徒歩7分
●ロースかつ定食750円（税込）＋ハムカツ150円（同）＋カレー100円（同）。地元客で行列もできる街のとんかつ屋。

Rosu-katsu Teishoku, Ham-katsu and Curry roux
Deep-fried sirloin pork cutlet topped with ham cutlet and curry sauce

Tonkatsu Osamu
Address 1-3-11 Minaminagasaki, Toshima-ku, Tokyo
TEL 03-3951-4961
Open 11:30〜14:00 (till sold out)
Closed Sun.

watabe data

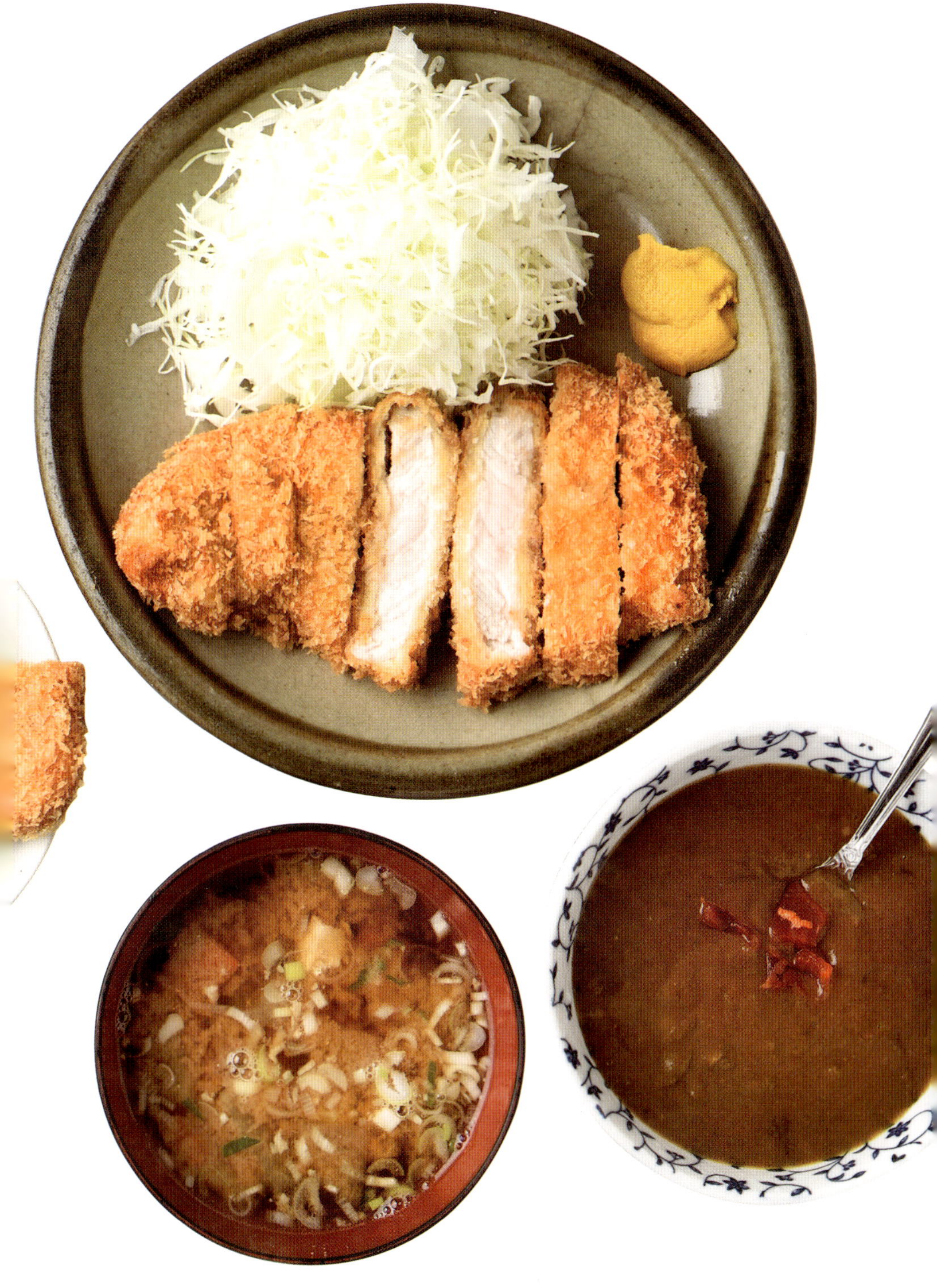

＼ 渡部の食言 ／
その一

並べば入れる。

「行列ができる店」を嫌がる人もいますが、行列ができるということは、行列さえすれば入れるということ。「予約1カ月待ち」といった店に比べれば、ハードルは低いのです。特に一時期だけ話題になるのではなく、いつも行列ができている店、それも常連が並んでいる店はレベルが高かったりお値打ち感が高い店が多いのです。だから、僕も気になる人気店は開店前から並びます。

2000円以下の最強大満足皿

Very Satisfying Dishes Under 2000yen

~¥2000

虎ノ門／蕎麦

Toranomon / Soba

Shibire-maze-soba
シビレまぜそば

¥1000 〜（税込）

**蕎麦＋追飯の
インパクト。
鮮烈な辛さに
シビレます！**

インパクトのある蕎麦です。山芋を練り込んだ麺と肉辛味噌、薬味、卵、3種類の特徴の異なるシビレ（山椒）を混ぜていただきます。シビレは3段階から選べるのですが、「1シビ」でもかなりの鮮烈、「3シビ」にすると口の中が強烈にシビレますよ。さらに、最後に具が余ったところに"追飯"を入れて混ぜてビビンバ風に。シビレと旨さの多重構造にやられます！

Shibire-maze-soba
Yam soba noodles with spicy niku miso (minced meat seasoned with soy bean paste), eggs and sansho (Japanese pepper)

肉そば ごん
Address 東京都港区西新橋2-13-3
西新橋2丁目ビル1F
TEL 03-5501-2938
Open 11:30〜14:30（L.O.）　17:00〜22:00（L.O.）
Closed 土曜　日曜　祝日
東京メトロ虎ノ門駅より徒歩5分
●追飯付きのシビレまぜそば1000円（税込）、夜は930円。煮豚とこだわり生玉子、追飯付きの特製シビレまぜそば1200円（同）、夜は1120円。

Nikusoba Gon
Address 1F 2-13-3 Nishishimbashi, Minato-ku, Tokyo
TEL 03-5501-2938
Open 11:30〜14:30（L.O.）　17:00〜22:00（L.O.）
Closed Sat., Sun. & national holidays
HP http://www.beatus.co.jp/gon/

watabe data

Teppan Napolitan
鉄板ナポリタン

¥1058（税込）

ビジュアルも魅力的！

~¥2000

原宿／バー

Harajuku / Bar

あれこれ食べて、腹一杯だからバーで飲もうか、と思って来たのに、つい食べてしまう危険な（？）ナポリタンです。鉄板に卵、そしてナポリタンという魅惑のビジュアル、まろやかでバランスがよく、酒が入った胃袋が求めてしまう味。まだ新しく、ロケーションもインテリアもオシャレなバーですが、深夜にナポリタンをつつきながら酒を飲む男女が続出中です。

ハラジュク バー

Address 東京都渋谷区神宮前5-16-13 シックスハラジュクテラス
TEL 03-6712-5959
Open 18:00～24:00
Closed 日曜　祝日
東京メトロ明治神宮前駅より徒歩5分
●2015年4月オープンの"SIX HARAJUKU TERRACE"の一角にある。

ビジュアルと味わいがそそる！深夜に食べてしまう危険な一皿

Teppan Napolitan
Spaghetti with vegetables, sausage and ketchup sauce on a teppan grill

Harajuku Bar

Address 5-16-13 Jingumae, Shibuya-ku, Tokyo
TEL 03-6712-5959
Open 18:00～24:00
Closed Sun. & national holidays
HP http://www.harajuku-bar.tokyo

watabe data

~¥2000

恵比寿／蕎麦
Ebisu / Soba

喉越しと爽快感。
締めに食べると
体がリセットします

Sudachi-soba
すだち蕎麦

¥1100

夏の暑い夜にこの蕎麦はたまらなく旨い。喉越しのよい蕎麦とすだちの爽快な風味で、あれこれつまんで飲んだ後の締めにいいんです。体がリセットする感じがします。実はこの店、人気の和食店「賛否両論」の笠原将弘さんが、蕎麦職人であった齋藤義展さんの腕を生かすために開いた店。だから締めの蕎麦も本格的なのです。しかも深夜まで営業。使い勝手抜群です！

賛否両論メンズ館

Address 東京都渋谷区東4-9-10 TS広尾B1
TEL 03-6805-1197
Open 19:00〜26:30(L.O.)
Closed 水曜
JRなど恵比寿駅より徒歩15分
●すだち蕎麦は4〜10月頃の期間限定メニュー。予約した方がいい。コース料理は要予約。

Sudachi-soba
Cold soba noodles with sudachi (Japanese citrus)

Sampiryoron Men's-kan
Address B1 4-9-10 Higashi, Shibuya-ku, Tokyo
TEL 03-6805-1197
Open 19:00〜26:30(L.O.)
Closed Wed.

watabe data

吉野川の青海苔＆刻み海苔。
香り高くミネラルたっぷり！

Nori-bukkake
のりぶっかけ

¥1100（税込）

〜¥2000

中目黒／うどん

Nakameguro / Udon

見ただけでミネラルを摂取できそうなうどんです。麺は吉野川の青海苔を練り込んでいるため香りが高い。ここに大量の刻み海苔と温泉玉子がのっていて、だし醤油をかけていただきます。見た目のインパクトが強いのですが、麺もつゆも実にしっかりしていて王道のおいしさがあります。このままでも十分ですが、揚げ玉をトッピングするとコクが加わりますよ。

うどん sugita

Address 東京都目黒区上目黒2-47-5
TEL 03-3719-0699
Open 11:30〜14:00
土曜は11:30〜15:00
Closed 水曜　木曜　日曜
東急線中目黒駅より徒歩5分
●中目黒の路地裏で行列ができる人気店。
予約不可。

Nori-bukkake
Cold udon noodles with seaweed, served with extra seaweed and soft-boiled egg

Udon sugita
Address 2-47-5 Kamimeguro, Meguro-ku, Tokyo
TEL 03-3719-0699
Open 11:30〜14:00　11:30〜15:00 on Sat.
Closed Wed., Thu. & Sun.
HP http://udonsugita.com/

watabe data

~¥2000

西麻布／中国料理
Nishiazabu / Chinese

心地よい歯ごたえの幅広麺と
濃厚かつ上品な汁が一体化！

Tantan-men
担々麺

¥1100〜（税込）

上質かつ強い担々麺です。リングイネのような幅広麺はもっちりとした心地よい歯ごたえで、汁がしっかりからみます。その汁はレンゲが沈まないくらい濃厚＆クリーミー。でも、決してくどくなく胡麻の風味がしっかり感じられるし、自家製ラー油が加わることで香りがさらに高まります。これだけの強い要素をバランスよくまとめるのはさすがです！

絶対ハマる一杯です！

麻布長江

Address 東京都港区西麻布1-13-14
TEL 03-3796-7835
Open 11:30〜14:30(L.O.)　18:00〜22:00(L.O.)　土日祝12:00〜14:30(L.O.)　18:00〜22:00(L.O.)
Closed 月曜

東京メトロなど六本木駅・乃木坂駅より各徒歩9分

●担々麺はランチ1100円（税込）、夜は1300円。四川料理の店。予約した方がいい。

Tantan-men
Spicy Chinese noodles

Azabu Choko

Address 1-13-14 Nishiazabu,Minato-ku ,Tokyo
TEL 03-3796-7835
Open 11:30〜14:30(L.O.)　18:00〜22:00(L.O.)／12:00〜14:30(L.O.)　18:00〜22:00(L.O.) on Sat.,Sun. & national holidays
Closed Mon.
HP http://www.azabuchoko.jp

watabe data

肉とチーズでどうだっ！
これぞハンバーガーの原点

~¥2000

上板橋／ハンバーガー

Kamiitabashi / Hamburger

Cheese Cheese Cheese
チーズチーズチーズ ¥1150

　れが原点だっ！と思わず叫んでしまうような、シンプルでわかりやすい、いさぎよいハンバーガーです。生野菜は一切なし。パテ2枚、チェダーチーズ2枚、モッツァレラ2枚、グリルした玉ねぎ。それだけ。溶け出るくらいチーズたっぷりなのに、しっかり肉の旨味を感じます。昔食べたチーズバーガーってこれだ！となんだかうれしくなってしまいます。

HUNGRY HEAVEN 上板橋店

Address 東京都板橋区上板橋3-5-1 1F
TEL 03-3937-8929
Open 11:30～14:45（L.O.） 17:00～25:30（L.O.） 土日祝は11:30～25:30（L.O.）
Closed 無休
東武東上線上板橋駅より徒歩3分
●テイクアウト可。目黒店もある。

Cheese Cheese Cheese
Hamburger with 2 types of cheese

HUNGRY HEAVEN
Kamiitabashi-ten

Address 1F 3-5-1 Kamiitabashi,Itabashi-ku,Tokyo
TEL 03-3937-8929
Open 11:30～14:45(L.O.) 17:00～25:30(L.O.)
11:30～25:30 (L.O.) on Sat.,Sun. & national holidays
Closed Open 7days a week

watabe data

~¥2000

亀有／蕎麦　Kameari / Soba

Komon-soba
黄門そば

納豆に負けない蕎麦。旨味が引き立ちます！

¥1200

納 豆蕎麦は、納豆の香りに蕎麦が負けてしまうこともあります。でも、この黄門そばは、蕎麦の香りが強いので納豆や海苔やネギなどがたっぷりのっていても、負けることはありません。むしろ納豆や薬味と混ぜることで、その旨味が引き立ちます。ちなみに、店が旧水戸街道に面していて、町内に黄門様の像があることからこのメニューをつくったそうです。

手打ちそば 吟八亭 やざ和

Address 東京都葛飾区亀有1-27-8
TEL 03-3690-8228
Open 11:30〜14:30(L.O.)
17:00〜19:30(L.O.)
Closed 木曜　第3水曜
常磐線亀有駅より徒歩8分
●石臼挽きの自家製粉の蕎麦には定評がある。人数が多い場合は要予約。

Komon-soba
Cold soba noodles with natto (fermented soybeans) and egg yolk

Teuchisoba Gimpachi-tei Yazawa
Address 1-27-8 Kameari, Katsushika-ku, Tokyo
TEL 03-3690-8228
Open 11:30〜14:30(L.O.)　17:00〜19:30(L.O.)
Closed Thu. & 3rd Wed.

~¥2000

赤羽橋／蕎麦・うどん
Akabanebashi / Soba & Udon

食べ応えのある蕎麦＋うどん。
けんちん汁追加で楽しさ倍増！

Aimori & Kenchin-jiru
合盛+けんちん汁

¥1500(税込)

自 家栽培、自家製粉の蕎麦粉を使用した太めで歯触りのいい蕎麦と、コシの強いうどんが一度に楽しめます。さらに、名物のけんちん汁を追加するのがオススメ！ 野菜たっぷりのやさしい味で、冷たい麺と一緒に温かいけんちん汁を食べると胃がほっこりするし、あるいは蕎麦やうどんをけんちん汁につけて食べるのもアリです！

志な乃

Address 東京都港区芝3-14-6
TEL 03-3452-3616
Open 11:00～14:00　17:30～19:30
Closed 土曜　日曜　祝日
都営地下鉄赤羽橋駅より徒歩4分
●合盛1150円（税込）、けんちん汁350円（同）。蕎麦とうどんの店。夜は予約した方がいい。

Aimori & Kenchin-jiru
Assortment of cold soba and udon noodles, and "kenchin" soup (Japanese traditional vegetable soup)

Shinano
Address 3-14-6 Shiba, Minato-ku, Tokyo
TEL 03-3452-3616
Open 11:00～14:00　17:30～19:30
Closed Sat., Sun. & national holidays

watabe data

〜¥2000

鶯谷／貝料理

Uguisudani / Kairyori

横綱同士の大一番的な旨さ。
見ているだけで酒飲めます！

Oo-asari no Namanori-yaki
大アサリの生のり焼

¥1250

でっかいアサリに生海苔をたっぷりのせて焼いたら、旨いに決まってます！ 強い香りと味わいを持つもの同士が一騎打ち。千秋楽、横綱同士の大一番みたいなものです。焼き始めると、芳潤な磯の香りがふわっと漂って、見ているだけで日本酒飲めますからね。最後に残った汁に生海苔をつけるとまた酒が進む。見て1杯、香りで1杯、食べて10杯！

焼貝 うぐいす

Address 東京都台東区根岸1-3-21
TEL 03-5603-8183
Open 17:00〜23:00(L.O.)
Closed 日曜
JR鶯谷駅より徒歩2分
●貝料理専門店。予約した方がいい。

Oo-asari no Namanori-yaki
Grilled large clam with seaweed

Yakigai Uguisu
Address 1-3-21 Negishi, Taito-ku, Tokyo
TEL 03-5603-8183
Open 17:00〜23:00(L.O.)
Closed Sun.

watabe data

お 好み焼きとオムそばをミックスしたような独特の味わいです。8時間煮込んだトロットロの牛スジを半熟オムそば風に焼き上げているので、普通のお好み焼きよりも"トロフワ感"が強く、でも味はしっかり深い。お好み焼きを食べたい人は、最初ちょっとはぐらかされたような気になるけど、食べ進むうちにハマってしまう。そんな魅惑の味です。

これは絶対ハマります！

Suji Modan-yaki
Okonomiyaki pancakes with beef tendon and yakisoba

お好み焼 きじ 丸の内店

Address 東京都千代田区丸の内2-7-3 東京ビルB1
TEL 03-3216-3123
Open 11:00～15:00　17:00～22:00 (L.O.)
Closed 不定休
JRなど東京駅より徒歩3分
●予約不可。品川店もある。

Okonomiyaki Kiji Marunouchi-ten

Address B1 2-7-3 Marunouchi, Chiyoda-ku, Tokyo
TEL 03-3216-3123
Open 11:00～15:00　17:00～22:00 (L.O.)
Closed Irregular
HP http://www.o-kizi.jp

～¥2000

丸の内／お好み焼き

Marunouchi / Okonomiyaki

Suji Modan-yaki
スジモダン焼
¥1380（税込）

お好み焼きとオムそばがミックスした魅惑の一枚

〜¥2000

代官山／カフェ＆バー

Daikanyama / Cafe-Bar

ボリュームたっぷり。
でも軽やかヘルシーなサンド

The King George
The King George
（ザ・キングジョージ）

¥1300

野菜不足の現代人に（自分に）お薦めしたいサンドイッチです。焼いたターキー、プロボローネ（南イタリア発祥のチーズ）、レタスなどの具を、トーストしたライ麦パンで挟んであります。ボリューミーに見えますが、とにかく野菜がたっぷりなので食感軽やか。酒の種類も豊富で、軽やかなカクテルに合わせて、なんてオシャレな食べ方もいいですね。

カクテルもあります！

The King George
Smoked turkey with provolone cheese sandwich

King George （キング・ジョージ）

Address 東京都渋谷区代官山町11-13 2F
TEL 03-6277-5734
Open 11：00〜20：30（L.O.）　土曜は〜21：30（L.O.）　日曜は〜18：30（L.O.）
Closed 不定休
東急東横線代官山駅より徒歩5分
●サンドイッチはテイクアウト可。予約した方がいい。

King George
Address 2F 11-13 Daikanyamacho,Shibuya-ku,Tokyo
TEL 03-6277-5734
Open 11：00〜20：30（L.O.）　〜21：30（L.O.）on Sat.　〜18：30（L.O.）on Sun.
Closed Irregular
HP http://www.crownedcat.com

watabe data

～¥2000

白金／ハンバーガー

Shirokane / Hamburger

4種類のチーズがけんかして仲直りした賑やかな旨さ！

Quatro Cheeseburger
クアトロチーズバーガー

¥1290

チェダーやパルミジャーノ・レッジャーノなど4種類のチーズを使った濃厚な旨さのハンバーガーです。チーズが仲良く溶け合って……というより、チーズが大げんかしてから仲直りしたような、自己主張しつつの融合ですね。これに旨味の強いパテの肉汁が加わり、野菜がアクセントを演出し、バンズが全てを受けとめている。賑やかなおいしさです。

Quatro Cheeseburger
Hamburger topped with 4 types of cheese

バーガーマニア白金

Address 東京都港区白金6-5-7
TEL 03-3442-2200
Open 11：30～22：00（L.O.）
土日祝は11：00～22：00（L.O.）
Closed 第3月曜（祝日の場合翌火曜）
東京メトロなど白金高輪駅より徒歩10分
●広尾と恵比寿にも店があるが、クアトロチーズバーガーは白金店限定。テイクアウト可。16時以降予約可。

Burger Mania Shirokane

Address 6-5-7 Shirokane,Minato-ku,Tokyo
TEL 03-3442-2200
Open 11：30～22：00（L.O.） 11：00～22：00（L.O.）
on Sat.,Sun. & national holidays
Closed 3rd Mon. (Tue.,if Mon.is a national holiday)
HP http://www.burger-mania.com/

watabe data

～¥2000

築地／とんかつ
Tsukiji / Tonkatsu

やわらかなチャーシューと目玉焼きの最強タッグ！

Charshu Egg Teishoku
チャーシューエッグ定食

¥1300

とんかつや海老フライ（これも旨い！）の店ですが、いまや一番人気がこれ。じっくり煮込んだチャーシューは余分な脂が抜けて箸をつけるとすぐほぐれるくらいのホロッ、トロッ。目玉焼きの上にドーンとのってます。最初はチャーシューを、それから目玉焼きの黄身をまとわせて、あるいはキャベツと一緒に……最後は混ざってカオスに。でもそれがまた旨い！

とんかつ八千代

Address 東京都中央区築地5-2-1
築地市場「魚がし横丁」内
TEL 03-3547-6762
Open 5:00～13:00
Closed 日曜　祝日　水曜不定休
都営地下鉄築地市場駅より徒歩3分
●チャーシューエッグ定食は仕込みに時間がかかるため火曜、木曜、土曜のみ。

Charshu Egg Teishoku
Roasted pork fillet and fried eggs, with rice and miso soup

Tonkatsu Yachiyo
Address Tsukiji-ichiba Uogashi-yokocho 5-2-1
Tsukiji,Chuo-ku,Tokyo
TEL 03-3547-6762
Open 5:00～13:00
Closed Sun.,national holidays & Wed. (Irregular)

火木土の
お楽しみ！

~¥2000

新橋／お好み焼き
Shimbashi / Okonomiyaki

Sonia-yaki
ソニア焼
¥1400（税込）

本場の広島焼きに大葉の香りが加わって食べ飽きない旨さ！

広島人が通います！

豚
肉、イカ天、細めのそばという広島焼きのベースに、とろろ昆布とたっぷりのネギがいいアクセント。そしてこの店のお好み焼きにはすべて入っている大葉の香りが、全体の味を高めています。食べ飽きないおいしさですね。この店は広島出身の人に教えてもらったのですが、食材も地元から取り寄せているらしく、広島出身の著名人の溜まり場にもなっているようです。

ソニア

Address 東京都港区新橋5-15-1
ル・グラシエルビル B1
TEL 03-3433-5084
Open 11:30～14:15(L.O.) 17:30～22:00(L.O.) 土曜は11:30～14:00 17:30～21:00(L.O.)
Closed 日曜　祝日
JRなど新橋駅より徒歩10分
●広島風お好み焼き。予約した方がいい。

Sonia-yaki
Hiroshima-style okonomiyaki pancakes with yakisoba noodles

Sonia
Address B1 5-15-1 Shimbashi,Minato-ku,Tokyo
TEL 03-3433-5084
Open 11:30～14:15(L.O.) 17:30～22:00(L.O.) ／11:30～14:00 17:30～21:00(L.O.) on Sat.
Closed Sun. & national holidays

watabe data

~¥2000

中目黒／ジンギスカン

Nakameguro / Jingisukan

牛タンよりも軽やかな味わい。
エンドレスでイケそう！

ジンギスカンブームの後、かなり店が減りましたが、いまなお健在な店はやはりしっかり旨いですね。「まえだや」もそんな一軒です。なかでも、ラムの赤身部分のみを使用して、たっぷりのネギをのせる"ラムネギ塩"は、ヘルシーで旨い。ラムの片面を焼いて、ちょっと蒸されたネギ塩を包んで食べるのですが、タン塩よりもさっぱりと軽やか。エンドレスでイケます！

ジンギスカン食堂 まえだや

Address 東京都目黒区中目黒1-5-8
TEL 03-3716-8322
Open 18:00～23:00（L.O.）
土曜は17:00～22:00（L.O.）
Closed 日曜　祝日　第1・3・5月曜
東急線中目黒駅より徒歩7分
●ジンギスカンの店。事前に予約した方がいい。

Lamb Negi-shio
ラムネギ塩

1人前 ¥1300

Lamb Negi-shio
Grilled lamb with salted spring onion sauce

Jingisukan-shokudo Maedaya

Address 1-5-8 Nakameguro, Meguro-ku, Tokyo
TEL 03-3716-8322
Open 18:00～23:00（L.O.）
17:00～22:00（L.O.）on Sat.
Closed Sun., national holidays & 1st, 3rd, 5th Mon.
HP http://www.maedaya.jp/

watabe data

~¥2000

中目黒／イタリアン

Nakameguro / Italian

見ただけで香りが伝わる
鮮烈なワインのためのパスタ

Spaghetti Kara-bonara
スパゲッティ辛ボナーラ

¥1400（税込）

見 た目通り、いやそれ以上に胡椒の香りが効いた鮮烈なカルボナーラです。でもただスパイシーなだけではなく、濃厚なソースとのバランスが素晴らしい。前菜でもメインでも締めでもない、ワインのためのパスタ。アートディレクターの秋山具義さんがプロデュース、中目黒「イカロ」の宮本義隆シェフがメニュー監修だけあり、旨くて楽しい空間です。

マルテ

Address 東京都目黒区上目黒1-19-4
中目黒TNビル 2F
TEL 03-6303-1910
Open 19:00〜26:00（L.O.）
Closed 日曜
東急線中目黒駅より徒歩1分
●2015年3月オープンのイタリアンバル。予約した方がいい。

Spaghetti Kara-bonara
Spicy（Black Pepper）spaghetti carbonara

Marte
Address 2F 1-19-4 Kamimeguro, Meguro-ku, Tokyo
TEL 03-6303-1910
Open 19:00〜26:00（L.O.）
Closed Sun.

朝採れ野菜のやさしい味が疲れた胃にしみます！

Onsei Kamakura Yasai to Italia-san Salami no Moriawase

温製鎌倉野菜とイタリア産サラミの盛り合わせ

¥1400（税込）

~¥2000

恵比寿／イタリアン
Ebisu / Italian

ハードな食事が続いたとき、ヘルシーなものを体が欲しているとき、この皿は理想的です。朝採れの野菜とサラミというシンプルな構成ですが、葉野菜だけでなく温かい根菜が入っているので、味の変化もあるし、体にやさしいおいしさ。肉や魚は大好きだけれど、こうしたオアシス的料理があるから、肉や魚も旨くなることを改めて実感。

オステリア ラ・リベラ

Address 東京都渋谷区恵比寿南1-18-11 西田ビル1F
TEL 03-6452-4853
Open 12:00〜14:00(L.O.) 18:00〜23:00(L.O.) 祝日は12:00〜14:00(L.O.) 17:00〜22:00(L.O.)
Closed 無休

JRなど恵比寿駅より徒歩5分

●毎朝、鎌倉で野菜、佐島で魚介を仕入れる。予約した方がいい。

Onsei Kamakura Yasai to Italia-san Salami no Moriawase

Assortment of warm Kamakura vegetables and Italian salami

Osteria La Libera

Address 1F 1-18-11 Ebisuminami,Shibuya-ku,Tokyo
TEL 03-6452-4853
Open 12:00〜14:00(L.O.) 18:00〜23:00(L.O.) ／12:00〜14:00(L.O.)
17:00〜22:00(L.O.) on Sun. & national holidays
Closed Open 7days a week
HP http://www.lalibera-km.com/#ebisu

watabe data

~¥2000

笹塚／お好み焼き
Sasazuka / Okonomiyaki

Negi Tsukimi Soba
ねぎ月見そば
¥1480(税込)

たっぷりの九条ねぎと黄身で旨さが一段アップします！

広島焼きのおいしさは、そばとネギにありますね。"ねぎ月見そば"も、そばの食感と、これでもか！というくらいたっぷりのせた九条ねぎが味を引き立てています。そして月見玉子をからめながら食べるとコクとまろやかさが加わって、ギアが一段アップ。さらにそばをうどんに替えてもらうとモチモチ感が倍増します。バリエーションは底知れないですね。

見た目もそそります！

Negi Tsukimi Soba
Hiroshima-style okonomiyaki pancakes with Kyoto kujo spring onions, egg yolk and yakisoba noodles

広島お好み 鉄板ベイビー
Address 東京都渋谷区笹塚2-41-17 滝沢ビル2F
TEL 03-3299-3751
Open 17:00〜24:00 (L.O.)
Closed 第4月曜
京王線笹塚駅より徒歩5分
●広島お好み焼きの店。予約した方がいい。

Hiroshima-Okonomi Teppan-baby
Address 2F 2-41-17 Sasazuka,Shibuya-ku,Tokyo
TEL 03-3299-3751
Open 17:00〜24:00 (L.O.)
Closed 4th Mon.
HP http://teppanbaby.com

watabe daia

ネットリ、カリカリ、トロリ。
この組み合わせは楽しい！

A.B.C. Burger
A.B.C. バーガー

¥1450（税込）

A. B.C.はアボカド、ベーコン、チーズの頭文字。この組み合わせは間違いないですね。ネットリ、カリカリ、トロリの食感の組み合わせが楽しいし、それぞれが自己主張しつつ、肉汁たっぷり、つなぎなしのビーフ100％パテともバッチリ合います。レタスやトマト、そして胡椒もいいアクセントを演出しています。安定感のあるおいしさです！

〜¥2000

渋谷／ハンバーガー
Shibuya / Hamburger

A.B.C. Burger
Hamburger with avocado, bacon and cheese

レッグオンダイナー

Address 東京都渋谷区東1-8-1 K.HOUSE 1F
TEL 03-3498-5488
Open 11:00〜21:30(L.O.)
日祝は11:00〜19:30(L.O.)
Closed 火曜
JRなど渋谷駅より徒歩15分
●テイクアウト可。17時以降は予約可。

Reg-On Diner
Address 1F 1-8-1 Higashi,Shibuya-ku,Tokyo
TEL 03-3498-5488
Open 11:00〜21:30(L.O.)
11:00〜19:30(L.O.) on Sun. & national holidays
Closed Tue.
HP http://www.regondiner.com

~¥2000

渋谷／牛肉料理
Shibuya / Gyuniku-ryori

Bresaola
ブレザオラ
¥1500

牛　肉の生ハムです。それも上質な山形牛のサーロインを使い、ノンスモークで仕上げていて、口の中でとろけながら深い味が染み出てきます。味の濃い牛刺しのような風味。塩分控えめだし、豚肉を使った生ハムにはない、肉の旨味と脂の余韻が感じられます。さすがは牛肉料理の雄、加藤牛肉店ですね。肉好きにはたまらない一皿です。

加藤牛肉店 シブツウ
Address 東京都渋谷区渋谷2-12-12 B1
TEL 03-6427-5961
Open 11:30～14:00(L.O.)
18:00～23:00(L.O.)
土曜は18:00～23:00(L.O.)
Closed 日曜
JRなど渋谷駅より徒歩8分
●ランチはとんかつやカレー、夜は牛肉料理を供する。予約した方がいい。

Bresaola
Air-dried salted beef

Kato-Gyunikuten Shibutsu
Address B1 2-12-12 Shibuya,Shibuya-ku,Tokyo
TEL 03-6427-5961
Open 11:30～14:00(L.O.) 18:00～23:00(L.O.)
18:00～23:00(L.O.) on Sat.
Closed Sun.
HP http://shibu2.com

山形牛のサーロインの生ハム。肉の旨味と脂の余韻が凄い

~¥2000

都立大学／イタリアン

Toritsudaigaku／Italian

Pizza Limone
ピッツァ リモーネ ¥1500

自 家製のパンチェッタと瀬戸田産の有機レモンを皮のままのせたピザです。焼いているのにレモンの酸味がしっかり残っていて、小麦粉やパンチェッタの香りや塩気、味わいを引き立てます。こんなに爽快なピザはないですね。レモンは偉い！ ちなみに、カウンターには「灰かぶり席」という窯前の席があって、そこで食べるとライブ感があって楽しいですよ。

ガレオーネ

Address 東京都目黒区中根1-7-3 オフィス都立大ビル1F
TEL 03-6459-5139
Open 11:30〜14:00(L.O.) 18:00〜23:00(L.O.)
Closed 月曜(祝日の場合翌火曜) 東急線都立大学駅より徒歩1分
●薪窯ピッツァと炭火焼料理のイタリアン。予約した方がいい。

爽快な香りと酸味があるパンチェッタとレモンのピザ

Pizza Limone
Pizza with pancetta and lemon

Galeone
Address 1F 1-7-3 Nakane, Meguro-ku, Tokyo
TEL 03-6459-5139
Open 11:30〜14:00 (L.O.) 18:00〜23:00 (L.O.)
Closed Mon. (Tue., if Mon. is a national holiday)
HP http://galeone2014.jimdo.com/

watabe data

～¥2000

表参道／ステーキ

Omotesando / Steak

超お値打ち。旨味が詰まった神戸牛の重ね着です！

Kobe-gyu Hamburg
神戸牛ハンバーグ

200g ¥1550

上質のステーキ店のハンバーグはおいしくてコストパフォーマンスがいい、というのは常識ですよね。しかし、このハンバーグはその常識を上回るお値打ち贅沢な一皿です。粗く叩いた神戸牛100％のハンバーグに、神戸牛のスジと野菜を煮込んでつくったデミグラスソース。神戸牛の重ね着ですよ！ 神戸牛のおいしいところが全部ここに詰まっている感じです。

リトル リマ

Address 東京都港区南青山5-12-2 倉沢ビルB1
TEL 03-3400-9760
Open 11:30～15:00　土日祝は12:00～
18:00～21:30
Closed 不定休
東京メトロ表参道駅より徒歩5分
●神戸牛ハンバーグ（200g）は土日祝は1800円。神戸牛ステーキとハンバーグの店。夜は要予約。

Kobe-gyu Hamburg
Kobe beef hamburger (200g) with sauce demi-glace.

Little Lima
Address B1 Kurasawa Building 5-12-2 Minamiaoyama, Minato-ku, Tokyo
TEL 03-3400-9760
Open 11:30～15:00
12:00～ on Sat., Sun. & national holidays
18:00～21:30
Closed Irregular

watabe data

66

マッシュルームとチーズが たっぷりで満足感ばっちり！

Mozzarella Mushroom

モッツァレラ マッシュルーム

¥1390

~¥2000

本郷三丁目／ハンバーガー

Hongo-Sanchome / Hamburger

見 たとおりのボリューミーなハンバーガーです。塩胡椒が効いたパテもしっかり分厚いのですが、負けないくらいマッシュルームががっつり入って、それを覆うかのようにトロトロになったモッツァレラチーズがたっぷり。マッシュルームの香りもしっかり効いていて満足感が高いですね。バンズの代わりにレタス包みもできるので、ヘルシーにいきたい人はそちらを！

ファイヤー ハウス

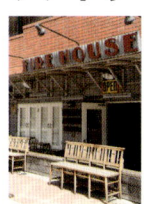

Address 東京都文京区本郷4-5-10
TEL 03-3815-6044
Open 11：00〜22：30(L.O.)
Closed 無休
東京メトロ本郷三丁目駅より徒歩3分
●ハンバーガーはテイクアウト可。予約した方がいい。

Mozzarella Mushroom
Hamburger with mozzarella and mushroom

Fire house
Address 4-5-10 Hongo,Bunkyo-ku,Tokyo
TEL 03-3815-6044
Open 11：00〜22：30(L.O.)
Closed Open 7days a week.
HP http：//www.firehouse.co.jp

watabe data

Silk Rosu
シルクロース

一人前 ￥1800

〜￥2000

表参道／焼肉
Omotesando / Yakiniku

「よろにく」を代表するメニューです。まさにシルクのようなきめ細かな舌触りのロースを、さっと炙って一口大のご飯を巻いて食べます。繊細な肉の旨味を損なうことがない上品なタレ、肉とご飯が口の中で溶け合って幸せになります。やはり焼肉に一番合うのは白飯だ！ということを再認識させてくれる、ある意味、原点のような料理。やはり、東京の焼肉界を牽引する店ですね。

絹のような希少肉と白飯。
一番合う組み合わせです！

よろにく

Address 東京都港区南青山6-6-22 ルナロッサB1
TEL 03-3498-4629
Open 18:00〜24:00　土曜は17:00〜24:00　日祝は17:00〜23:00
Closed 無休

東京メトロ表参道駅より徒歩10分
●多彩な肉料理が揃う焼肉店。予約した方がいい。

Silk Rosu

Grilled "silk sirloin" with rice

Yoroniku

Address B1 6-6-22 Minamiaoyama,Minato-ku,Tokyo
TEL 03-3498-4629
Open 18:00〜24:00　17:00〜24:00 on Sat.
17:00〜23:00 on Sun. & national holidays
Closed Open 7days a week

watabe data

~¥2000

広尾／和食
Hiroo / Washoku

Kuro-buta Sparerib no Nikujaga
黒豚スペアリブの肉じゃが
¥1600（税込）

黒豚と野菜が自己主張する旨味の多重構造の一皿

黒 豚が強い旨味と脂を主張すれば、野菜たちも負けじと味を出して対等に渡り合っている。コトコト煮るイメージがありますが、黒豚のスペアリブ、にんじん、じゃがいも、玉ねぎを大振りにカットして、強火で短時間で炊き上げるそうです。こんな料理をさりげなく出してくれる、割烹と居酒屋の間のような存在の旨い店はありがたいですね。

体と心にしみます！

和楽惣（わらそう）
Address 東京都港区南麻布5-1-1 1F
TEL 03-3445-0550
Open 18:00〜24:00(L.O.)
Closed 日曜　祝日
東京メトロ広尾駅より徒歩5分
●多彩な料理が揃う和食店。要予約。

Kuro-buta Sparerib no Nikujaga
Stewed potatoes and Berkshire pig spareribs

Waraso
Address 1F 5-1-1 Minamiazabu,Minato-ku,Tokyo
TEL 03-3445-0550
Open 18:00〜24:00(L.O.)
Closed Sun. & national holidays

watabe data

渡部の食言 その二

罪悪感がない。

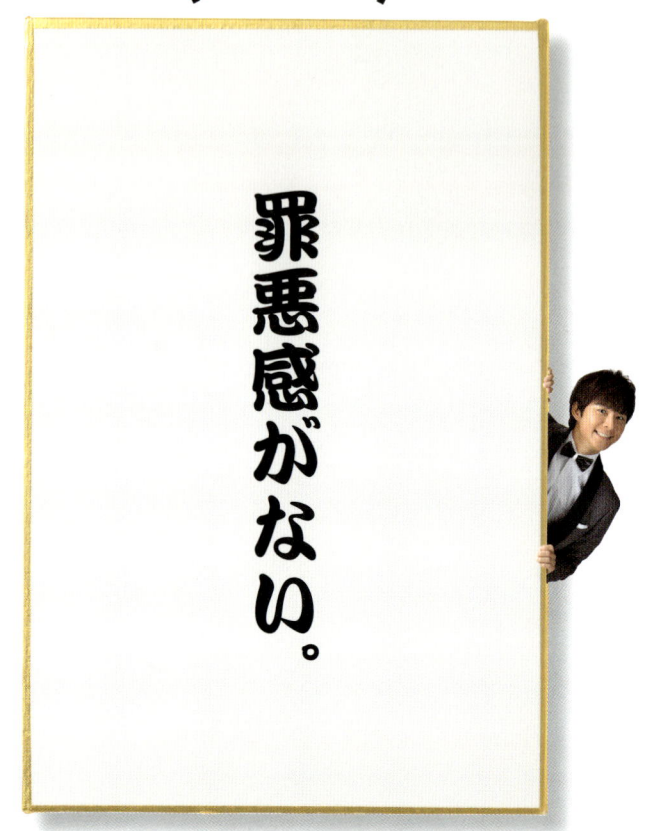

間違いない普遍的なおいしい料理や予想を超える美味な一皿には、「おいしい」を超える感動があります。思わず「これは反則!」と叫びたくなるような。さらに、ただ旨いだけでなく、お腹いっぱい食べても胃に負担を感じず、余韻がきれい。そんな「罪悪感のない」料理はまた食べたくなります。「これは反則!」と叫び、食べた後の「罪悪感がない」料理こそが、最強です!

2000円以上の最強美味皿

Delicious Dishes Over 2000yen

¥2000〜

赤坂／焼肉

Akasaka / Yakiniku

Akasaka Meibutsu Ichibo no Tataki
赤坂名物 イチボのたたき

¥2380（税込）

> 旨味がどんどん出てきて舌にからみつく官能的な一皿

舌にからみつく、官能的な一皿です。上質のイチボ（お尻の部位）を絶妙な火入れで炙ってエゴマの粒マスタードなどの薬味で食べます。口の中でイチボの艶やかな旨味がどんどん出てきて、食べているうちに次の一枚を食べたくなってしまいます。食感といい味わいといい、イチボの旨さを一番よく味わえる料理かもしれません。さすが赤坂店のスペシャリテ！

赤坂焼肉 KINTAN

Address 東京都港区赤坂3-17-1 ICHIGO akasaka317ビル B1
TEL 03-6229-4129
Open 11：30〜14：30(L.O.)　18：00〜22：45(L.O.)　土日祝は17：00〜22：15(L.O.)
Closed 無休

東京メトロ赤坂見附駅より徒歩3分
●白金などにも店があるが、イチボのたたきは赤坂店限定。予約した方がいい。

Akasaka Meibutsu Ichibo no Tataki
Lightly grilled beef aitchbone

Akasaka Yakiniku KINTAN
Address B1 3-17-1 Akasaka,Minato-ku,Tokyo
TEL 03-6229-4129
Open 11：30〜14：30(L.O.)　18：00〜22：45(L.O.)　17：00〜22：15(L.O.) on Sat.,Sun.& national holidays
Closed Open 7days a week
HP http://akasaka-yakiniku-kintan.com

watabe data

Pizza Margherita
ピッツァ マルゲリータ ¥2000

これぞナポリの味！ 1870年からナポリっ子に愛されているダ ミケーレが本店以外で初めて出店したのが日本、恵比寿。本店同様、ピッツァはマルゲリータとマリナーラだけ。薄い生地に軽やかな酸味とモッツァレラのコクが効いたマルゲリータは本当においしい！ 大きいけれど、ペロリと食べてしまいます。食材はナポリ直送。飛行機代をかけなくても電車代でナポリが味わえます。

電車でナポリが味わえます。
味もサイズも本場そのまま！

¥2000〜
恵比寿／ピッツァ
Ebisu / Pizza

アンティーカ ピッツェリア ダ ミケーレ

Address 東京都渋谷区恵比寿4-4-7
TEL 03-5447-3800
Open 11：30〜14：30(L.O.)　17：30〜23：00 (L.O.)　土曜11：30〜23：00(L.O.)
日曜11：30〜22：00(L.O.)
Closed 無休

JRなど恵比寿駅より徒歩6分
●マルゲリータドッピオ2000円(大)、ノルマーレ(並)1550円。一部予約可。

Pizza Margherita
Pizza with tomato sauce & mozzarella

L'Antica Pizzeria da Michele

Address 4-4-7 Ebisu, Shibuya-ku, Tokyo
TEL 03-5447-3800
Open 11：30〜14：30(L.O.) 17：30〜23：00 (L.O.)
11：30〜23：00(L.O.) on Sat.
11：30〜22：00(L.O.) on Sun.
Closed Open 7days a week
HP http://www.damichele.jp

¥2000〜

市ケ谷／焼肉 Ichigaya・Yakiniku

Maboroshi no Tan
幻のタン

1人前 ¥2200（右下の写真は2人分）

希少なタンの部位の味わいがこんなに違うなんて！

「と」りあえず牛タン」という頼み方ができなくなりますよ、このタンを食べたら。希少な黒タンをタン元、タン先、タンゲタ（タンスジ）に分け、それぞれもっとも味が出るようにカットして出してくれます。3つの部位が弾力も味わいもまったく違うことに驚きます。まるで別の肉ですね。単なる牛タンという料理はない、ということをココで知りました。

炭火焼肉 なかはら

Address 東京都千代田区六番町4-3 GEMS市ケ谷9F
TEL 03-6261-2987
Open 17:00〜22:30(L.O.)
Closed 水曜
JRなど市ケ谷駅より徒歩2分
●多彩な部位を揃える焼肉店。予約した方がいい（幻のタンは要予約）。

Maboroshi no Tan
Grilled tongue（3 different parts）

Sumibi-yakiniku Nakahara
Address 9F 4-3 Rokuban-cho, Chiyoda-ku, Tokyo
TEL 03-6261-2987
Open 17:00〜22:30(L.O.)
Closed Wed.
HP http://sumibiyakinikunakahara.com/

watabe data

世界的シェフが繊細につくる。
これぞメンチカツのテッペン！

Menchi-katsu
メンチカツ

¥2200

¥2000～

赤坂見附／洋食

Akasakamitsuke / Yoshoku

ンチカツのテッペンですね。肉の旨味を一滴も逃してないと思うくらいしっかりしたコクがあるのに、肉の雑味が一切ありません。世界で認められる「NARISAWA」の成澤由浩シェフが監修しているだけあります。松阪牛と、鹿児島の放牧豚の赤身と脂身をそれぞれ分けてからブレンドした挽肉を使い、自家製パン粉で肉汁をしっかり閉じ込めて揚げているとのこと。脱帽です。

これぞ洋食の極みです！

東洋軒

Address 東京都港区元赤坂1-2-7 赤坂Kタワー1F
TEL 03-5786-0881
Open 11:30～14:00(L.O.) 18:00～21:00(L.O.)
Closed 不定休
東京メトロ赤坂見附駅より徒歩1分
●老舗洋食店が成澤シェフの監修で再び東京に進出。予約した方がいい。

Menchi-katsu
Deep-fried minced meat

Toyoken
Address 1F 1-2-7 Motoakasaka, Minato-ku, Tokyo
TEL 03-5786-0881
Open 11:30～14:00(L.O.) 18:00～21:00(L.O.)
Closed Irregular
HP http://www.tokyo-toyoken.com

watabe data

¥2000〜

表参道／フォンデュ

Omotesando / Fondue

野菜や肉をオイル＆チーズでフォンデュ。楽しすぎる！

Olive Oil Fondue

オリーブオイルフォンデュ

¥2480（写真は2人分）

きのこ、レンコン、アスパラ、ゴーヤ、ズッキーニ……色鮮やかな約20種類の野菜が運ばれてきただけで盛り上がります。ベーコン、砂肝、鶏胸肉と肉っ気もあり。しかもお替わり自由！　これをオリーブオイルの鍋でフォンデュ。素揚げですね。ソースはバジル、サワークリーム、柚子味噌、塩。オリーブオイルを堪能したら"追いチーズフォンデュ"もあり。楽しすぎる！

フォンデュ ハウス 表参道

Address 東京都港区北青山3-5-9 マネージュビル3F
TEL 03-6434-9159
Open 18:00〜23:00(L.O.)
土日祝は17:00〜23:00(L.O.)
Closed 無休
東京メトロ表参道駅より徒歩2分
●追加の濃厚チーズフォンデュソース980円。予約した方がいい。

Olive Oil Fondue
20 kinds of vegetables and meat

Fondue House Omotesando

Address 3F 3-5-9 Kitaaoyama,Minato-ku,Tokyo
TEL 03-6434-9159
Open 18:00〜23:00(L.O.)
17:00〜23:00(L.O.) on Sat.,Sun. & national holidays
Closed Open 7days a week

watabe data

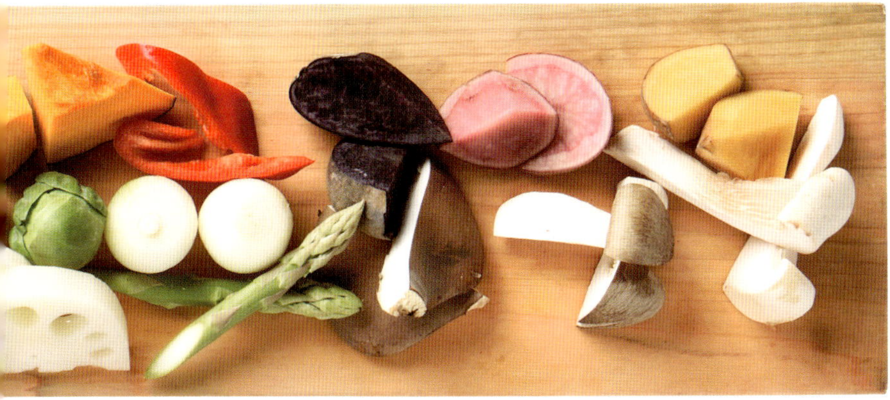

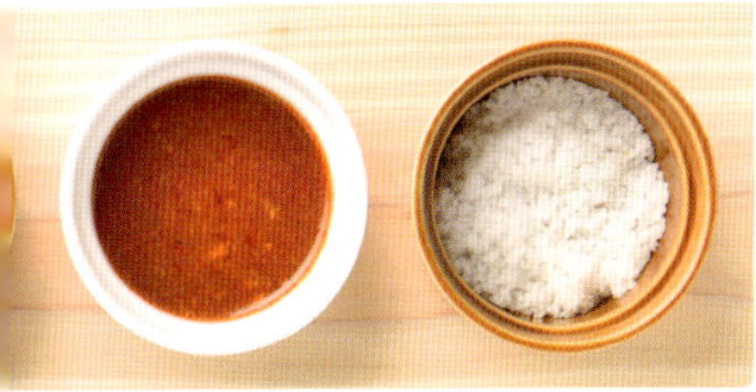

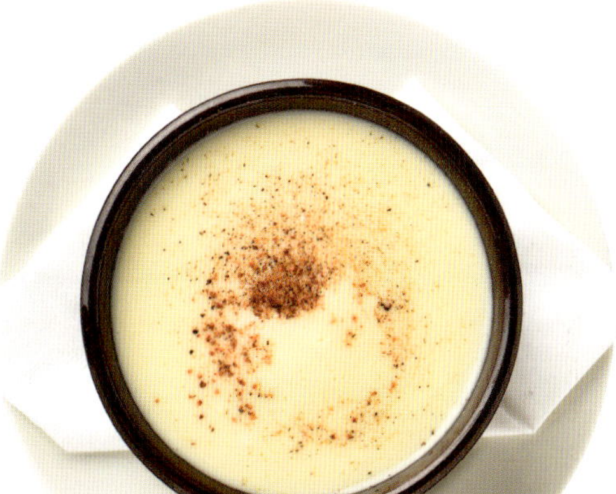

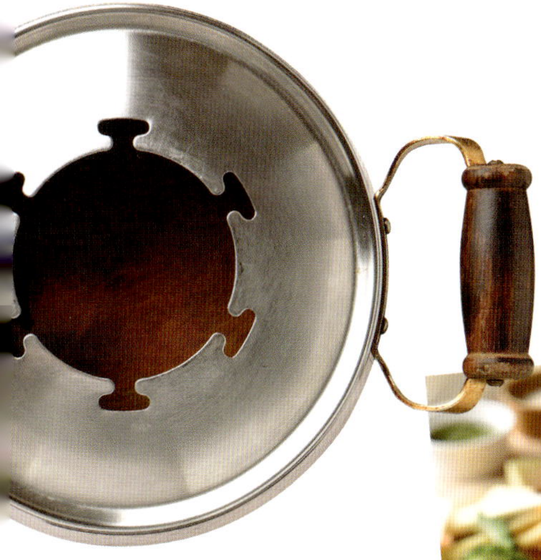

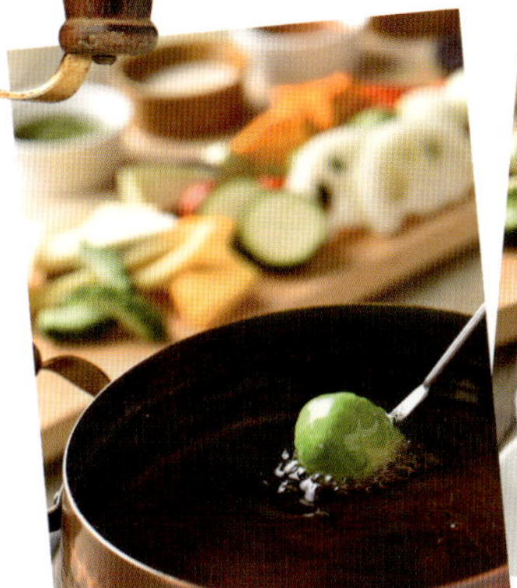

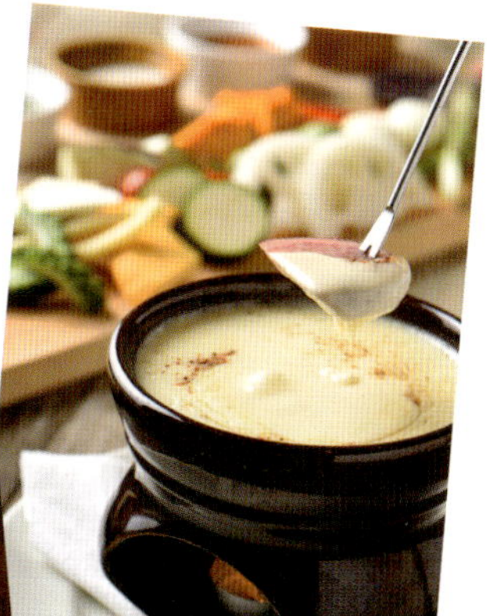

¥2000〜

西麻布／ステーキ

Nishiazabu / Steak

> 400倍凝縮の濃厚ソース！

炙った肉と野菜のブイヨンで旨味に旨味を重ねてます！

Hitachi Gyu no Carpaccio
常陸牛のカルパッチョ

¥2600

和 牛のカルパッチョなのですが、軽く炙った肉もさることながら、ソースが秀逸。煮詰めて400倍！に濃縮した野菜のブイヨンを使っていて、旨味に旨味を重ねた感じで、優しく深みのある味わいに仕上がっています。食べた後も肉と野菜のエッセンスの余韻が残る。レア肉の食べ方はいろいろありますが、これは別格ですね。さすがは熟成肉ブームの先駆け。ど真ん中の美味です。

カルネヤサノマンズ

Address 東京都港区西麻布3-17-25 KHK西麻布1F
TEL 03-6447-4829
Open 11:30〜14:00(L.O.) 18:00〜21:30(L.O.)
Closed 日曜　月曜のランチ
東京メトロ広尾駅より徒歩7分
●ステーキの店で、カルパッチョは前菜メニュー。予約した方がいい。

Hitachi Gyu no Carpaccio
Lightly grilled beef carpaccio with warm vegetable bouillon

Carneya Sanoman's
Address 1F 3-17-25 Nishiazabu,Minato-ku,Tokyo
TEL 03-6447-4829
Open 11:30〜14:00(L.O.) 18:00〜21:30(L.O.)
Closed Sun.,lunch on Mon.
HP http://carneya-sanomans.com

watabe data

¥2000〜

神楽坂／蕎麦

Kagurazaka / Soba

揚げたてのかき揚げのジュッ！
という音が食欲をそそります

Tempura Soba
天ぷらそば

¥2400(税込)

耳を澄ませて食べてください。揚げたての才巻海老のかき揚げをつゆに浸すと、「ジュッ」と。この音が食欲をそそるんです。サクサクとして繊細な口当たりのかき揚げは上品なおいしさで、だしが効いたつゆや香り高い細めのそばとも実によく合います。それに、かき揚げを入れてもつゆが油に侵略されることなく、凛としています。格調高き蕎麦です。

Tempura Soba
Warm soba noodles with tempura (mixed vegetables and Japanese tiger shrimp)

東白庵かりべ

Address 東京都新宿区若宮町11-7
TEL 03-6317-0951
Open 11:30〜14:30(L.O.)　18:00〜22:00(L.O.) 日祝は11:30〜21:00(L.O.)売り切れ次第閉店
Closed 水曜

JRなど飯田橋駅、東京メトロ神楽坂駅より各徒歩6分
●「竹やぶ」出身の蕎麦店。予約した方がいい。

Tohakuan Karibe

Address 11-7 Wakamiyacho, Shinjuku-ku, Tokyo
TEL 03-6317-0951
Open 11:30〜14:30(L.O.)　18:00〜22:00(L.O.) 11:30〜21:00(L.O.) on Sun. & national holidays (till sold out)
Closed Wed.
HP http://touhakuan.jp/

watabe data

¥2000〜

銀座／ステーキ

Ginza / Steak

周りはカリカリ、中はしっとり。メインより食べたい前菜料理

Tokusei Kuroge Wagyu Tan Atsugiri Sumibi-yaki Steak

特製黒毛和牛タン厚切り炭火焼ステーキ

50g ¥2500

炉　釜で素晴らしいステーキを焼いてくれる店なのですが、前菜的に出る牛タンのステーキも本当においしい。タン元のいいところを周りはカリカリ、中は心地よい弾力のある状態に焼き上げてくれます。炉釜で焼くのはかなり難しいと聞きますが、炉釜だからこその絶妙な焼き具合になっていると思います。メインのステーキと双璧の旨さです。

イデア銀座

Address 東京都中央区銀座7-8-15 第二新橋会館7階
TEL 03-6228-5259
Open 17:00〜23:00
Closed 日曜
東京メトロ銀座駅より徒歩5分
●神戸牛を炉釜で焼くステーキ店。予約した方がいい。

Tokusei Kuroge Wagyu Tan Atsugiri Sumibi-yaki Steak

Grilled thick-sliced Japanese Black beef tongue steak

Idea Ginza

Address 7F 7-8-15 Ginza, Chuo-ku, Tokyo
TEL 03-6228-5259
Open 17:00〜23:00
Closed Sun.
HP http://ginza-steak-idea.com/

watabe data

老舗の風格が漂う
洋食店の旨味を
長く感じる粋な一皿

ぽん多本家

Address 東京都台東区上野3-23-3
TEL 03-3831-2351
Open 11:00～13:45(L.O.)
16:30～19:45(L.O.)
Closed 月曜(祝日の場合翌火曜)
JR御徒町駅より徒歩3分
●明治38年創業の洋食店。4人～予約可。

¥2000～

上野／洋食

Ueno / Yoshoku

Katsuretsu
カツレツ

¥2700(税込)

Katsuretsu
Deep-fried sirloin pork cutlet

Ponta-Honke
Address 3-23-3 Ueno,Taito-ku,Tokyo
TEL 03-3831-2351
Open 11:00～13:45(L.O.) 16:30～19:45(L.O.)
Closed Mon.(Tue.,if Mon.is a national holiday)

衣がやや薄い色、低温でロースの芯のみを、レアのいい状態になるように揚げています。肉汁がしっかり閉じ込められていて、旨味が長く感じられる。料理にも老舗の風格が漂います。"上野三大とんかつ"の一つとも言われますが、こちらはとんかつ屋ではなく、洋食屋。だから"カツレツ"なのです。ポテトフライがつくのも洋食の粋でしょう。

¥2000〜

神泉／スペイン料理

Shinsen / Spanish

Gyokai no Paella
魚介のパエージャ ¥2800

パエージャには多くの種類がありますが、魚介の、これくらいバランスがとれた具がいいですね。シンプルだけど旨味のオールスターが揃っている感じ。少し芯が残る米の炊き上げ方も絶妙だし、安心できるおいしさ。この店は料理がすべてバランスいいし、値段もリーズナブル。こうした店が増えているから神泉が注目エリアになっているんでしょうね。

絶妙のバランスと味わい。間違いない旨味オールスター

スペイン料理 ミネバル

Address 東京都渋谷区神泉町13-13 ヒルズ渋谷 B1
TEL 03-3496-0609
Open 17:30〜23:00(L.O.)
日曜は12:00〜13:30(L.O.)
17:30〜22:00(L.O.) **Closed** 月曜
京王井の頭線神泉駅より徒歩5分
●落ち着いて食事ができるスペイン料理。

Gyokai no Paella
Seafood paella (Spanish rice dish)

Spain Ryori Mine Baru
Address B1 13-13 Shinsencho, Shibuya-ku, Tokyo
TEL 03-3496-0609
Open 17:30〜23:00(L.O.)
12:00〜13:30(L.O.) 17:30〜22:00(L.O.) on Sun.
Closed Mon.
HP http://minebaru.p2.weblife.me

¥2000〜

西麻布／ビストロ

Nishiazabu / Bistro

鍋ごと全部食べたい！

Okinawa Buta Bara-niku no Smoke
沖縄豚バラ肉のスモーク ブラックキャベツ ゴルゴンゾーラスープ

¥2780

豚バラ肉と野菜の旨味がココットの中に凝縮してます

コットを使った料理はおいしさ感がアップします。これで料理が運ばれてくると歓声が上がりますからね。中でもこの豚バラ肉のスモークは、香味野菜とともにやわらかく煮込んでいて、程よく油の落ちた肉と野菜の旨味が溶け合っています。旨味が凝縮したソースが残ったら、パンですくうかリゾットにしてもらって余すところなく食べ尽くしたい、と思う料理です。

Okinawa Buta Bara-niku no Smoke
Smoked Okinawan pork belly with black cabbage and Gorgonzola soup

HOUSE

Address 東京都港区西麻布2-24-7 4F
TEL 03-6418-1595
Open 18:00〜24:00（L.O.）
土曜は18:00〜23:00（L.O.）
Closed 日曜
東京メトロなど六本木駅・乃木坂駅・表参道駅より各徒歩10分
●ココットでつくる料理が名物のビストロ。要予約。

House
Address 4F 2-24-7 Nishiazabu, Minato-ku, Tokyo
TEL 03-6418-1595
Open 18:00〜24:00（L.O.）
18:00〜23:00（L.O.）on Sat.
Closed Sun.
HP http://www.housestaub.jp/

watabe data

¥2000〜

恵比寿／焼肉

Ebisu / Yakiniku

Mix no Onishi
ミックスのおおにし

一人前 ¥2980（写真はハーフ）

肉やホルモンを少しずつ。
男も女も一人焼肉だ！

そ の日に厳選した肉とホルモンの盛り合わせです。いろいろな部位が少しずつ食べられるのはうれしいですね。どれも食べ応えがあって、素材の良さを感じる旨さ。手が空いているときはご主人が大阪式スタイルで焼いてくれるので、一人焼肉に最適なんです。飲み会の前に一人ゼロ次会ということも。ハーフサイズもあり、早朝までやっているので飲んだ後の締めにもイケます。

焼肉おおにし

Address 東京都渋谷区恵比寿西1-7-5 篠崎ビル2F
TEL 03-6455-1429
Open 17:00〜29:00
日祝および連休最終日は17:00〜24:00
Closed 第3月曜
JRなど恵比寿駅より徒歩1分
●多彩な部位が揃う焼肉店。ミックスハーフは1500円。要予約。

Mix no Onishi
Assortment of grilled lean beef & offal

Yakiniku Onishi

Address 2F 1-7-5 Ebisunishi, Shibuya-ku, Tokyo
TEL 03-6455-1429
Open 17:00〜29:00
17:00〜24:00 on Sun., national holidays & the last day of consecutive holidays.
Closed 3rd Mon.
HP http://oonishi_tokyo/

watabe data

香りの三重奏とふわふわの食感。
卵1個で演出する木下マジック！

Truffle no Fuwafuwa Omelet
トリュフのふわふわスフレオムレツ

¥3000（税込）

¥2000〜

恵比寿／ビストロ

Ebisu / Bistro

　これは贅沢な、そして木下威征（たけまさ）シェフの技が光る一皿です。卵1個を鉄板の微妙な温度でふわふわに焼き上げ、はちみつのソースとトリュフで香りをプラスします。こんなシンプルな材料と調理法でなぜこんなに滑らかな舌触りになるの？と不思議に思うくらい心地いい舌触りなんです。この香りと食感には絶対ハマりますよ！

AU GAMIN DE TOKIO
（オー・ギャマン・ド・トキオ）

Address 東京都渋谷区恵比寿3-28-3 CASA PIATTO 2F
TEL 03-3444-4991
Open 18:00〜23:00 (L.O.)
Closed 日曜　祝日
JRなど恵比寿駅より徒歩8分
●鉄板を使った独創的な料理が名物のフレンチ・ビストロ。要予約。

Truffle no Fuwafuwa Omelet
Fluffy omelet with truffle sauce

Au Gamin de Tokio
Address 2F 3-28-3 Ebisu, Shibuya-ku, Tokyo
TEL 03-3444-4991
Open 18:00〜23:00 (L.O.)
Closed Sun. & national holidays
HP http://www.gamin2008.com

watabe data

¥2000〜

目黒／イタリアン
Meguro / Italian

Shojo Gyu no Sumibi-yaki Steak
処女牛の炭火焼ステーキ

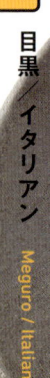

1人前 100g ¥2600〜

処女牛にこだわっているだけあって、肉の状態が完璧。塊肉を1時間ほどかけて、休ませながら繊細に炭で火を入れ、食べ応えのあるレアな状態に仕上げます。やわらかく、旨味が全部閉じ込められていて、肉の旨味、繊細さがすべてしっかり味わえる。肉を食べる喜びを与えてくれます。さすがは肉料理に定評がある「アロマクラシコ」出身ですね。

火入れが完璧。肉の喜びをすべて味わえる

アンティカ ブラチェリア ベッリターリア

Address 東京都目黒区下目黒3-4-3 1F
TEL 03-6412-8251
Open 11:30〜14:00(L.O.)
18:00〜23:00　金土は〜深夜
Closed 日曜　不定休
JRなど目黒駅、東急線不動前駅より各徒歩10分
●炭火焼ステーキは2人前以上で注文。予約した方がいい。

Shojo Gyu no Sumibi-yaki Steak
Virgin beefsteak

Antica Braceria Bellitalia

Address 1F 3-4-3 Shimomeguro,Meguro-ku,Tokyo
TEL 03-6412-8251
Open 11:30〜14:00(L.O.)
18:00〜23:00　〜midnight on Fri. & Sat.
Closed Sun. Irregular

watabe data

¥2000〜

四谷三丁目／焼肉 Yotsuya-Sanchome / Yakiniku

Super Horumon
スーパーホルモン
一皿 ¥3000

旨味が逃げないように切らずに長いまま焼く！

こ れはスーパーだし、反則的に旨い！ 全長40mの牛の小腸の中で、脂と皮のバランスのいい所を選んで、その中の1m程度を使うのですが、切らない。長いまま焼く。切らないことで、切り目から旨味が逃げたり、縮んで味が落ちたりすることなく焼けるんだそうです。確かにしっかり旨い。甘辛のタレも絶妙。店長のキャラクターも最高で、元気になる一皿です。

スーパー旨いですよ！

Super Horumon
Grilled beef offal

焼肉 名門

Address 東京都新宿区舟町11番地 松川ビル1F
TEL 03-3357-7748
Open 17:00〜26:00　土曜は〜25:00　日祝は〜24:00
Closed 月曜
東京メトロ四谷三丁目駅より徒歩7分
●焼肉とホルモン、中村真敏店長の個性的なキャラが名物。要予約。

Yakiniku Meimon
Address 1F 11 Funamachi, Shinjuku-ku, Tokyo
TEL 03-3357-7748
Open 17:00〜26:00　〜25:00 on Sat.　〜24:00 on Sun. & national holidays
Closed Mon.
HP http://www.y-meimon.com

watabe data

¥2000〜

入谷／うなぎ　Iriya / Unagi

蓋を開けるとそこには
うなぎ屋が
全部詰まっていた！

Kyosui-Unataro
きょうすい うな太郎

¥6500

うなぎ屋に行ってうな重だけだとちょっと寂しい気もするけど、これにはうなぎ屋のすべてが詰まっている。天然に近い味の"幻の共水うなぎ"の蒲焼きが主役を張り、うな肝焼きとう巻きが脇を固めるという最強の布陣。この小宇宙につまみからメインまですべての要素があります。蓋を開けた瞬間、こんなに驚き、幸せになる食べ物、ないかもしれません。

入谷鬼子母神門前のだや

Address 東京都台東区下谷2-3-1
TEL 03-3872-0517
Open 11：30〜14：00（L.O.）
　　　17：30〜20：00（L.O.）
Closed 月曜（祝日の場合は営業）
東京メトロ入谷駅より徒歩1分
●大井川の"共水うなぎ"を使用。きょうすいうな太郎は予約不可。入荷があるときのみのメニュー。

うなぎ満足度
200％！

Kyosui-Unataro

Rice with grilled eel, eel liver and omelet-wrapped eel

Iriya-Kishimojin-monzen Nodaya

Address 2-3-1 Shitaya, Taito-ku, Tokyo
TEL 03-3872-0517
Open 11:30〜14:00 (L.O.)　17:30〜20:00 (L.O.)
Closed Mon. (Open if Mon. is a national holiday)
HP http://www.facebook.com/unagi.nodaya

\渡部の食言／
その三

胃はまた開く。

締めのご飯や麺が旨い店も幸せになります。締めがあまりにもおいしすぎると、「胃がまた開く」状態になりませんか？ 僕はときどきあります。締めが旨くて、お腹いっぱいになったはずなのに、胃がまた開いてしまい、締めをお代わりしてしまったり、締めの後にまた別の料理を注文したり……。締めのはずなのに延々食べ続けて締まらない、そんな締めは困るけど、幸せです！

コースの中の最強注目皿

Best Course Menu Dishes

コースの一品
赤坂／鍋
Akasaka / Nabe

Marmite Nabe
マルミット鍋

コース¥4000（写真は2人分）

パスタ、パン、リゾット。
3種類の締めがメイン！

このオリジナル洋風鍋なら、締めで喧嘩になることはありません。コラーゲンたっぷりのブイヨンスープに野菜や自家製ソーセージなどを入れてポトフ風に楽しんだ後は、締めが3種類。残ったスープにパスタを入れて、次にチーズを足してチーズフォンデュでパンを、さらにはお米を入れてチーズリゾットで仕上げ。締めがメインという鍋の新しいスタイルです。

マルミット

Address 東京都港区赤坂3-12-11
セントラル赤坂ビル 3F
TEL 03-3586-0558
Open 17：00〜22：00(L.O.)
23：00以降は要相談
Closed 日曜
東京メトロ赤坂駅より徒歩1分
●予約した方がいい。取り寄せ可能。

Marmite Nabe
Original stew with bouillon soup
（add pasta, cheese fondue & risotto）

Marmite
Address 3F 3-12-11 Akasaka,Minato-ku,Tokyo
TEL 03-3586-0558
Open 17：00〜22：00(L.O.)
Closed Sun.
HP http://marmite.tokyo.jp

watabe data

コスパという言葉は
この店のためにあります！

Sashi-mori
刺し盛り

コース15品¥3500（税込）の一品（写真は4人分）

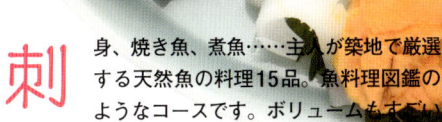

コースの一品

浜町／居酒屋

Hamacho / Izakaya

刺 身、焼き魚、煮魚……主人が築地で厳選する天然魚の料理15品。魚料理図鑑のようなコースです。ボリュームもすごいこの刺し盛りだけでも3500円払ってもいいくらい。酒を飲んでも5000円いかないくらい。コストパフォーマンスという言葉はこの店のためにあるのでしょう。みんな次の予約を入れていくから、なかなか予約が取れないのも当然ですね。

川治

Address 東京都中央区日本橋浜町2-8-5
TEL 03-3666-1100
Open 11:30～13:30 18:00～22:30
Closed 土曜 日曜 祝日
都営地下鉄浜町駅より徒歩5分
●なかなか予約が取れない人気の魚料理居酒屋。

Sashi-mori
Assortment of sashimi

Kawaji
Address 2-8-5 Nihombashi-hamacho, Chuo-ku, Tokyo
TEL 03-3666-1100
Open 11:30～13:30 18:00～22:30
Closed Sat., Sun. & national holidays

watabe data

コースの一品

神保町／焼き鳥
Jimbocho / Yakitori

口の中で広がる官能の世界。
一滴たりとも旨味を逃さない！

Tsukune
ツクネ

コース9品¥4500の一品

ツクネとキンカンの絶妙な味のコラボが楽しめる一皿です。まず、キンカンを口の中で潰して、そのままツクネを齧ります。胡椒が効いてスパイシーなツクネの力強い旨味に、キンカンのまろやかなコクがまとわりついて……官能の美味。旨味が一滴たりともこぼれない、完璧な食べ方でしょう。しかもキンカンは3個。一串で三度、うっとりしてしまいます。

蘭奢待（らんじゃたい）

Address 東京都千代田区神田神保町2-12-3
TEL 03-3263-0596
Open 17:00〜23:00(L.O.)
土曜は〜21:00(L.O.)
Closed 日曜　祝日
東京メトロなど神保町駅より徒歩3分
●毎朝さばく比内地鶏を使用。コース4500円〜。予約した方がいい。

Tsukune
Spicy chicken meatballs with kinkan
(the yolk before the egg is hatched)

Ranjatai
Address 2-12-3 Kandajimbocho,Chiyoda-ku, Tokyo
TEL 03-3263-0596
Open 17:00〜23:00(L.O.)
〜21:00(L.O.) on Sat.
Closed Sun. & national holidays

watabe data

4種類のチーズが口の中で立体的に広がる幸せ！

Specialite Ravioli
スペシャリテ 4種のチーズを包みこんだラヴィオリ

ランチコース6品￥4400（税込）の一品

コースの一品

目黒／イタリアン
Meguro / Italian

朝届く産みたて卵の卵黄を練り込んだパスタ生地で、自家製リコッタチーズやモッツァレラなど4種類のチーズを包みこんだラヴィオリです。つるっともちっとした口当たりで、口の中でチーズの旨味が立体的に広がります。洗練されたイタリアンの極致のようなおいしさ。香りと塩分の絶妙な組み合わせにセンスの良さを感じます。

レストラン ラッセ

Address 東京都目黒区目黒1-4-15 ヴェローナ目黒B1
TEL 03-6417-9250
Open 12:00〜13:00（L.O.） 18:00〜21:00（L.O.）
Closed 日曜　第2月曜
JRなど目黒駅より徒歩3分
●ディナーコース 7700円（税込）。予約した方がいい。

Specialite Ravioli
Ravioli with 4 type of cheese

Restaurant L'asse

Address B1 1-4-15 Meguro,Meguro-ku,Tokyo
TEL 03-6417-9250
Open 12:00〜13:00(L.O.) 18:00〜21:00（L.O.）
Closed Sun. & 2nd Mon.
HP http://lasse.jp/restaurant/

watabe data

コースの一品

六本木／中国料理
Roppongi / Chinese

きのこのスープで
きのこをしゃぶしゃぶ。
元気が出ます！

Kinoko Shabu-shabu
キノコ
しゃぶしゃぶ
美楽黒湯コース
びらくへいたん

コース¥4800（写真は2人分）

天然きのこ約30種類を8時間煮込んだ秘伝のスープで食べる、きのこメインのしゃぶしゃぶです。きのこのだしと旨味が出ていて、きのこのほか、野菜や豆腐、鶏肉など、とにかく食材もヘルシー。締めの麺もきのこを練り込んでいます。あれこれ食べて満足するけど、罪悪感がない。疲れている人、体調を整えたい人、どこかいい鍋ない？と聞かれた人、お薦めです！

満足感あり、罪悪感なし！

シャングリラズシークレット

Address 東京都港区六本木4-11-11
六本木GMビル4F
TEL 03-6804-5095
Open 17：30〜22：30（L.O.）
Closed 日曜
東京メトロなど六本木駅より徒歩1分
●海老や和牛が加わる宝茸黒湯（ほうじょうへいたん）コースは6800円。要予約。

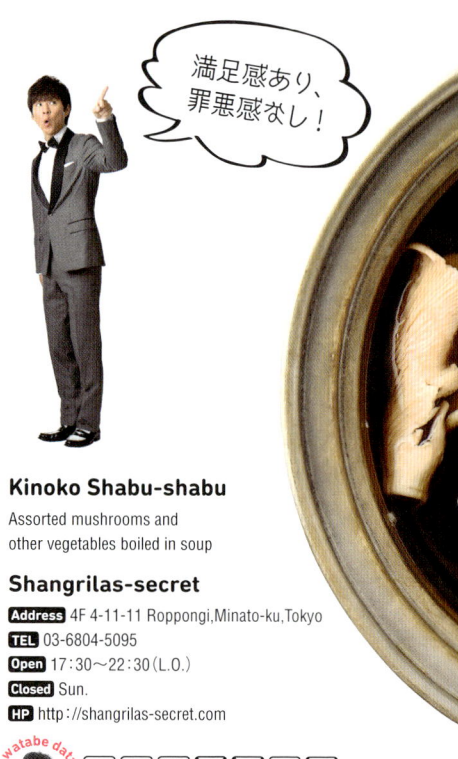

Kinoko Shabu-shabu
Assorted mushrooms and
other vegetables boiled in soup

Shangrilas-secret
Address 4F 4-11-11 Roppongi,Minato-ku,Tokyo
TEL 03-6804-5095
Open 17：30〜22：30（L.O.）
Closed Sun.
HP http://shangrilas-secret.com

watabe data

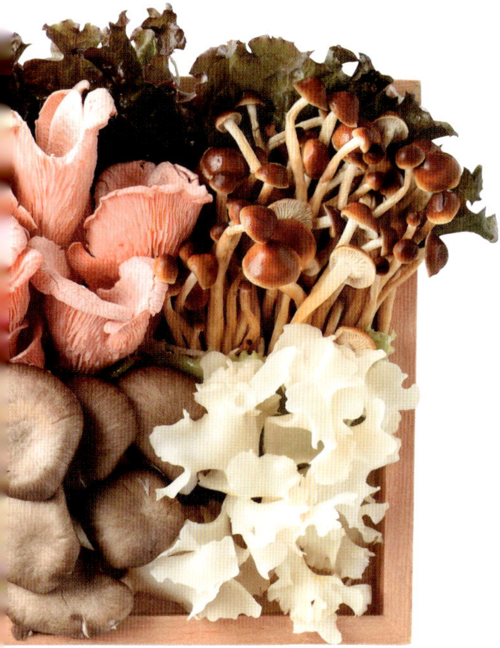
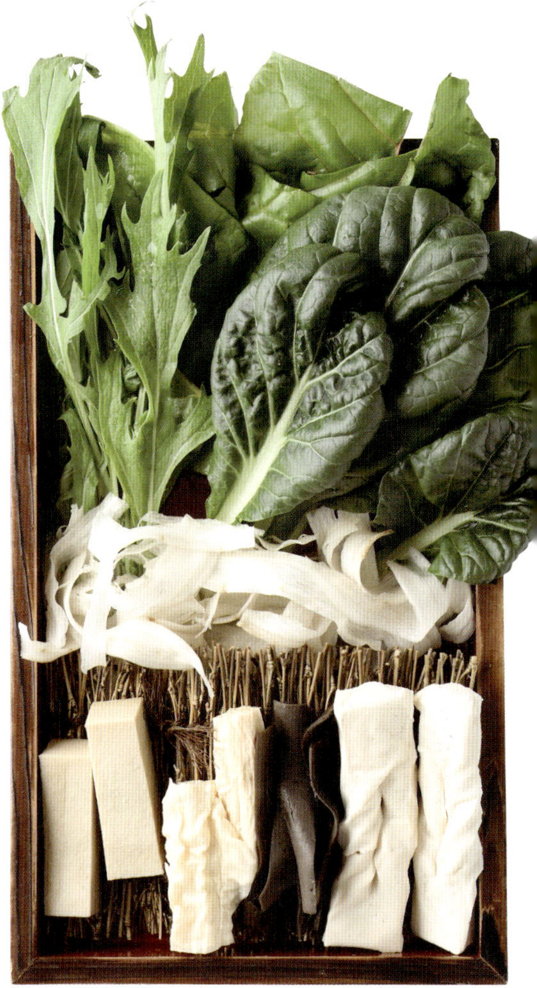
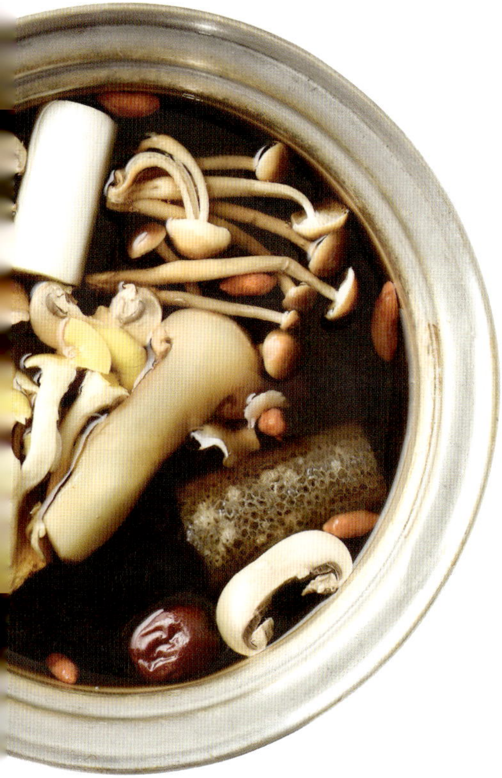
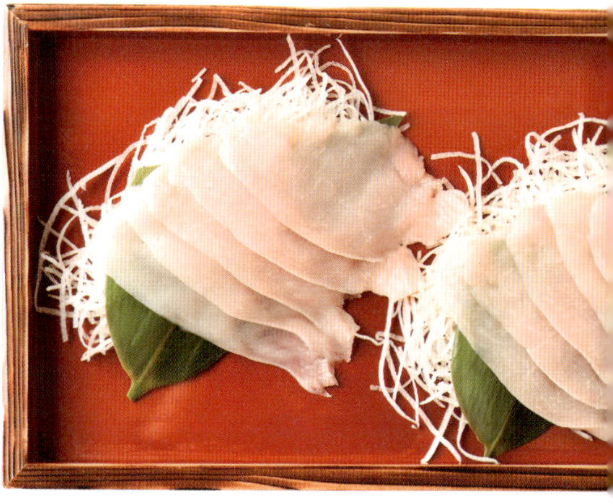

コースの一品 / 吉祥寺 / 肉料理
Kichijoji / Niku-ryori

「肉山に登山した？」が肉好きの合言葉です

またすぐ登頂したくなる！

Kumamoto Aka-ushi Ichibo
熊本あか牛イチボ

肉コース10品¥5000（税込）の一品（写真は2人分）

とにかく肉三昧。豚や馬も出るのですが、光山英明さんが丁寧に焼く牛肉の赤身塊肉がすごい。イチボ（お尻の部位）は、軽やかな味わいの中に肉の旨味や甘味がしっかりあって、飲むような感じでぐいぐい食べられます。締めのカレーや卵かけご飯も絶品。これで5000円は信じられない。塊肉ブームの火付け役、焼肉界のMVPです！　予約困難も当然でしょう。

肉山
Address 東京都武蔵野市吉祥寺北町1-1-20 藤野ハウス2F
TEL 0422-27-1635
Open 17：00〜、20：00〜の2回制
Closed 不定休
JRなど吉祥寺駅より徒歩10分
●各種焼肉料理と締めのコースのみ。要予約。

Kumamoto Aka-ushi Ichibo
Grilled "Aka-ushi" beef aitchbone from Kumamoto Prefecture

Nikuyama
Address 2F 1-1-20 Kichijojikitamachi,Musashino-shi,Tokyo
TEL 0422-27-1635
Open 17：00〜　20：00〜
Closed Irregular

watabe data

コースの一品

麻布十番／焼き鳥

Azabujuban / Yakitori

Yaku Tori Nabe
焼く鳥鍋

コース¥4800の一品(写真は2人分)

焼き鳥と鍋が
オシャレに融合すると
こんな形になります

炭　火で炙った地鶏を、8時間煮込んだコラーゲンたっぷりのスープでゆっくり煮込む。凝縮した鶏の旨味が口の中でじわりと広がります。その濃いだしが染みて、野菜もおいしい！　前菜でピンチョスのように美しい串やフォアグラコロッケが出たり、締めは名物のカルボナーラだったりと構成も楽しい。鍋でデートは難易度高いのですが、ここは個室が多いので、あり！です。

いぐち

Address 東京都港区麻布十番1-6-7 F1プラザビル4F
TEL 03-6455-4557
Open 17:00〜23:30(L.O.)
Closed 無休

東京メトロなど麻布十番駅より徒歩3分
●中目黒本店、恵比寿店もあるが鍋は麻布十番店のみ。予約した方がいい。

Yaku Tori Nabe
Lightly grilled chicken and vegetable stew

Iguchi

Address 4F 1-6-7 Azabujuban,Minato-ku,Tokyo
TEL 03-6455-4557
Open 17:00〜23:30(L.O.)
Closed Open 7days a week
HP http://www.nakameguro-iguchi.com/

watabe data

コースの1品

芝公園／豆腐料理
Shibakoen / Tofu-ryori

Tosui Tofu
豆水とうふ

コース8品¥5670〜(税込)の一品(写真は3人分)

新 鮮な豆腐を、大豆のしぼり汁と特製だしで味わう名物料理です。豆腐はとろんとろんの絹ごし。上質なだしの風味が感じられるやさしいスープ、大豆の香りが心地よく、肺活量ある人なら吸えるのではないかと思うくらい滑らかな豆腐。これをだし醤油で味わうと素直においしい！と思えますね。家族や外国人を連れていきたいニッポンの味です。

上質で純粋な鍋は
素直に体が喜びます

東京 芝 とうふ屋うかい

Address 東京都港区芝公園4-4-13
TEL 03-3436-1028
Open 11:00〜20:00(L.O.)
Closed 無休
都営地下鉄赤羽橋駅より徒歩5分
●豆水とうふを含むコースは昼5670円(平日限定、税込)〜、夜8960円〜(税込)。要予約。

Tosui Tofu

Tofu stew in soymilk

Tokyo Shiba Tofuya-Ukai

Address 4-4-13 Shibakoen,Minato-ku,Tokyo
TEL 03-3436-1028
Open 11:00〜20:00(L.O.)
Closed Open 7days a week
HP http://www.ukai.co.jp/shiba/

watabe data

Honjitsu no Obanzai 6 shina-mori
本日のおばんざい6品盛り

おまかせ9品¥5000の一品

コースの一品

中目黒／和食

Nakameguro / Washoku

気の利いたお惣菜は男の胃袋をつかみます

男の胃袋つかみます！

　このお店は女子に人気の店ですが、男の胃袋をつかむ料理って、こういうことじゃないでしょうか。ちょっと疲れたとき、胃を休めたいけど食べたいとき、おひたしや煮物などを少しずつつまめる。それもくどくない感じで、味付けも食材もバランスがいい。気が利いている。過不足がない感じがいいですねぇ。外食に疲れたときに行きたい外食です。

青家

Address 東京都目黒区青葉台1-15-10
TEL 03-3464-1615
Open 11:30〜17:00　18:30〜22:00(L.O.)
Closed 月曜
東急線など中目黒駅より徒歩7分
●料理家・青山有紀さんの、京都のおばんざいと韓国家庭料理の店。要予約。

Honjitsu no Obanzai 6 shina-mori
Today's special assortment of 6 types of Kyoto appetizers

Aoya
Address 1-15-10 Aobadai, Meguro-ku, Tokyo
TEL 03-3464-1615
Open 11:30〜17:00　18:30〜22:00(L.O.)
Closed Mon.
HP http://www.aoya-nakameguro.com

watabe data

阿佐ケ谷／焼肉 Asagaya / Yakiniku

コースの1品

シャトーブリアン＋バター＋醤油＋にんにく＋白飯＝最強肉丼

Buri-meshi
ブリめし

コース8品¥6500～(税込)の一品

焼

肉に一番合うのは白飯です。それも、上等な九州の和牛のシャトーブリアン（ヒレ肉の中央の希少な部位）、贅沢なステーキになるような肉を焼いて、にんにく、バター、醤油のタレにつけて、白飯にのせ、さらににんにくの醤油漬けを添える。飯が進む要素の塊みたいなもので、反則技です。これで食欲に火がついて冷麺まで食べたりしてしまいます。

SATO ブリアン

Address 東京都杉並区阿佐ヶ谷南3-44-2 新井ビル1F
TEL 03-6915-1638
Open 17：00～23：00 (L.O.)
Closed 不定休
JR阿佐ケ谷駅より徒歩2分
●タン、赤身、霜降りなどの焼肉コース6500～1万800円（税込）。要予約。小学生以上のみ入店可。

Buri-meshi
Rice bowl with grilled Kyushu Chateaubriand beef

SATO Briand
Address 1F 3-44-2 Asagayaminami, Suginami-ku, Tokyo
TEL 03-6915-1638
Open 17：00～23：00 (L.O.)
Closed Irregular

watabe data

食欲そそる要素全部入り！

コースの一品

鶯谷／ちゃんこ鍋

Uguisudani / Chanko-nabe

ヘルシーでボリューミー。
大物芸人が通ったのも納得！

Chanko-nabe
ちゃんこ鍋

コース5品￥6000（写真は3人分）

こ のちゃんこ鍋、ニラがすごい！ 最初にはえてくる"一番ニラ"のみを使っていて、新鮮、シャキシャキ、旨い。しかも歯に挟まらない。小松菜やホウレン草も入っていて、野菜たっぷり。そして地鶏と豆腐もたっぷりというヘルシーボリューム鍋です。ねぎと生卵、一味唐辛子、青海苔が入ったやや甘めの醤油ダレがまた秀逸。もりもり食べてしまいます。

玉勝

Address 東京都台東区根岸3-2-12
TEL 03-3872-8712
Open 18:00〜20:30(L.O.)
Closed 日曜　祝日
JR鶯谷駅より徒歩5分
●前菜、鍋、きしめん・餅のコース。要予約。

Chanko-nabe

Hot chanko pot with lots of garlic chives

Tamakatsu

Address 3-2-12 Negishi,Taito-ku,Tokyo
TEL 03-3872-8712
Open 18:00〜20:30(L.O.)
Closed Sun. & national holidays

watabe data

コースの一品

白金／すき焼き

Shirokane / Sukiyaki

関西風と関東風、
両方楽しめる
贅沢かつ欲張りな
すき焼き

Sukiyaki Gokujo Gyu Sirloin
すきやき
極上牛サーロイン

コース（120g）¥8000

極　上の黒毛和牛のサーロインを、1枚目は関西風の「すき焼き」、2枚目からは割り下を入れる関東風の「すき煮」で楽しめます。肉を丸めるように焼いてくれるので、火の入り方がグラデーションになり、メレンゲ状のふわふわの卵ともよくからみます。肉の旨味、割り下の甘味と相まって絶妙の味わいです。肉が卵という薄手のカーディガンをはおっているような感覚です。

Change

一度で二度おいしい！

今福

Address 東京都港区白金1-12-19
TEL 03-5420-2914
Open 17:00〜23:00(L.O.)
Closed 無休

東京メトロなど白金高輪駅より徒歩5分
●先付、食事などがついたコース。
180gは10000円。要予約。

Sukiyaki Gokujo Gyu Sirloin
Sukiyaki hot pot with prime sirloin beef

Imafuku

Address 1-12-19 Shirokane, Minato-ku, Tokyo
TEL 03-5420-2914
Open 17:00〜23:00(L.O.)
Closed Open 7days a week
HP http://www.kuroge-wagyu.com/if/

watabe data

コースの一品

恵比寿／イタリアン
Ebisu / Italian

寿司屋のように、切りたてを1種類ずつ出してくれる幸せ

Parma-fu Nama-ham Salami Moriawase
パルマ風生ハムサラミ盛り合わせ

おまかせコース¥25000（税込）の一品（写真は1人分）

生 ハムは切りたてが一番おいしい。さらに、この店は客が口に入れるまでの時間をも計算しています。イタリア製の手動生ハムスライサーを使って、目の前で1種類ずつ切って配って提供してくれます。寿司屋のカウンターで握りたての寿司を食べている感覚です。厳選された食材がおいしいのはもちろん、こうした"おもてなし"によってさらに味が高まることを実感します。

ペレグリーノ

Address 東京都渋谷区恵比寿2-3-4
TEL 03-6277-4697
Open 19:15開店　19:30料理一斉スタート
Closed 不定休
JRなど恵比寿駅より徒歩10分
●パルマ郷土料理のイタリアン。おまかせコースは料理、ワイン、サービス料すべて込みで25000円（税込）。要予約。

Parma-fu Nama-ham Salami Moriawase
Assortment of prosciutto and salami

Pellegrino
Address 2-3-4 Ebisu,Shibuya-ku,Tokyo
TEL 03-6277-4697
Open 19:15 Open　19:30 Start
Closed Irregular
HP http://www.pellegrino.jp

watabe data

美味に対する人間の貪欲さを
知らしめてくれる締めパスタ

Truffle no Te-uchi Tagliolini
トリュフの手打ちタリオリーニ

コース20数品￥5980＋時価（3000〜7000円程度）

コースの一品

恵比寿／イタリアン

Ebisu / Italian

この香りがたまらない！

少量多種の幸せを感じる料理が25品以上出てきてから登場する締めパスタです。それだけ食べてきても、この一皿はするりと入ってしまいます。絶妙な食感の手打ちタリオリーニに、目の前で削ってくれる香り高きトリュフがたっぷり。美味に対する人間の貪欲さ、食欲の限界のなさを知らしめてくれます。そして日本人は最後においしい麺類があると安心する、ということも。

リストランテ ダ バッボ

Address 東京都渋谷区恵比寿南2-1-5 ES215ビル6F
TEL 03-6303-2297
Open 18:00〜22:00（L.O.）
Closed 無休

JRなど恵比寿駅より徒歩5分

●コースは5980円。トリュフの手打ちタリオリーニはプラス料金で時価。事前に予約した方がいい。

Truffle no Te-uchi Tagliolini
Hand-made tagliolini with truffles

Ristorante da Babbo
Address 6F 2-1-5 Ebisuminami, Shibuya-ku, Tokyo
TEL 03-6303-2297
Open 18:00〜22:00（L.O.）
Closed Open 7days a week
HP http://ristorante-dababbo.tokyo

watabe data

コースの一品

白金台／和食

Shirokanedai / Washoku

Shiso Gyu to Uni no Nigiri
宍粟牛と雲丹の握り
しそうぎゅう

おまかせ会席10品¥15000の一品

強いもの同士が重なり、
口の中で見事に調和する感動

主人、小林和道さんのスペシャリテの一つがこれです。出身地の牛を握りにし、ウニをのせるというシンプルな構成ですが、牛肉とウニの合わせ方がお見事。強いもの同士の組み合わせはバランスがちょっとでも崩れると台無しになりそうですが、酢飯が媒介となり、それぞれが口の中で調和し、溶け合う。牛肉とウニの旨味の方向性が合うことを教えてくれる一品です。

官能的なおいしさ！

白金台 こばやし

Address 東京都港区白金台5-11-3 バルビゾン91 102
TEL 03-5420-5884
Open 18：00～23：00 土日祝のみ 12：00～14：00も営業
Closed 水曜
東京メトロなど白金台駅徒歩10分
●旬の食材を使ったおまかせのみ。要予約。

Shiso Gyu to Uni no Nigiri
Sushi with Hyogo Prefecture's Shiso beef and sea urchin

Shirokanedai Kobayashi
Address 5-11-3-102 Shirokanedai,Minato-ku,Tokyo
TEL 03-5420-5884
Open 18：00～23：00
12：00～14：00 on Sat.,Sun. & national holidays
Closed Wed.
HP http://tokyo-kobayashi.com/

watabe data

Anago Konabe
穴子小鍋

穴子コース7品 ¥8500〜の一品（写真は1人分）

**穴子の中骨を
一日煮込んだ濃厚で
甘味のあるだしが凄い**

東京、唯一の穴子専門店です。薄造りや白焼き、天ぷらなど様々な穴子料理が楽しめるのですが、中でも鍋が凄い。180本の穴子の中骨を1本ずつ丁寧に下処理し、それらを丸1日かけて煮込んでだしを取るそうです。砂糖などは一切使っていないのに、濃厚な甘味を感じるだし。そこに穴子を入れるのですから、穴子のすべてのおいしさが凝縮されているのです。

コースの1品　四谷三丁目／和食　Yotsuya-Sanchome / Washoku

穴子料理 ます味

Address 東京都新宿区荒木町11-2 北斗四谷ビルB1
TEL 03-3356-5938
Open 17:00〜21:00
Closed 日曜　祝日

東京メトロ四谷三丁目駅より徒歩5分
●時季によって産地を選ぶ穴子尽くしのコース。要予約。

Anago Konabe
Small conger eel stew in a soy sauce-based broth

Anago-ryori Masumi
Address B1 11-2 Arakicho, Shinjuku-ku, Tokyo
TEL 03-3356-5938
Open 17:00〜21:00
Closed Sun. & national holidays

コースの一品
広尾／天ぷら
Hiroo / Tempura

Kakiage Nyumen
かき揚げにゅうめん

コース21品¥18000の締め

旬の食材を用いた天ぷら、その合間に刺身を出すなど、客がおいしく楽しめる気配りを欠かさない店です。それは締めにも現れていて、天丼と天茶のほかに、にゅうめんが用意されています。天ぷらをあれこれ食べて、酒を飲んだ後には麺がうれしいですよね。かき揚げとの組み合わせも絶妙。さすが、ご主人が酒飲みだけに、気持ちがわかっていますね。

てんぷら うち津

Address 東京都渋谷区広尾5-25-4 宝ビル1F
TEL 03-6408-9591
Open 18:00〜23:00
Closed 不定休
東京メトロ広尾駅より徒歩10分
●カウンター8席のみ。目の前で揚がる天ぷらを楽しめる。

Kakiage Nyumen
Warm somen (thin wheat noodles) with tempura (mixed vegetables and seafood)

Tempura Uchitsu
Address 1F 5-25-4 Hiroo, Shibuya-ku, Tokyo
TEL 03-6408-9591
Open 18:00〜23:00
Closed Irregular
HP http://www.tempura-uchitsu.com

watabe data

締めのにゅうめんがうれしい！酒飲みの気持ちわかってます

やさしい旨さがたまりません！

Kimmedai no Battera
金目鯛のバッテラ

おまかせコース10品￥18000の一品（写真は2人分）

コースの一品

六本木／寿司

Roppongi / Sushi

旬 の食材を使ったおまかせコースで小鉢の次に出てくるのがこれ。脂がのった金目鯛の強い旨味を、赤酢の酢飯がしっかり受け止めてバランスのよい味わいになっています。ご飯ものですが、これを食べると食欲がさらにアップしますね。テイクアウトも可能。これを差し入れやお土産に持って行くと喜ばれますよ。印象に残る"埋もれない手土産"になります。

金目鯛＋赤酢の酢飯の美味。"埋もれない手土産"にも！

六本木 鯛良（たいら）

Address 東京都港区六本木6-2-35 六本木662BLD 8F
TEL 03-6406-8501
Open 17：30～26：30（L.O.）土曜は～22：30（L.O.）
Closed 日曜（月曜が祝日の場合前日の日曜営業、月曜休み）
東京メトロなど六本木駅より徒歩2分
●東京タワーが見える寿司店。深夜まで営業。金目鯛のバッテラはお土産も可（8切れ入り4000円）。要予約。

Kimmedai no Battera
Red snapper battera（boxed sushi）

Roppongi Taira
Address 8F 6-2-35 Roppongi,Minato-ku,Tokyo
TEL 03-6406-8501
Open 17：30～26：30（L.O.）～22：30（L.O.）on Sat.
Closed Sun.（Open Sun. closed Mon.,if Mon. is a national holiday）
HP sushitaira.jp

\渡部の食言/
その四

埋もれない手土産。

　手土産は相手の印象に残るようなもの、そしてみんなが手土産を持ってきたとしても「埋もれない」ことを僕は考えます。開けただけで歓声が上がるようなインパクトがあるものはもちろん、意外に渋い和食系の手土産が喜ばれたりします。あるいはパーティなどでは締めのご飯ものがウケたり。「埋もれない」手土産を知っていると、イザというときに使えますよ。そんな手土産になるものもご紹介します！

最強手土産の
テイクアウト

Best Takeout

Takeout

白金／中国料理 Shirokane / Chinese

持ち帰っても
心地よい食感が残ります！

Ki-nira to Moyashi no Shoyu Yakisoba
黄ニラとモヤシの醤油焼きそば

¥500

麺1本ずつにきっちり火が入っている感じで、持ち帰ってものびていないどころか、心地よい食感が残ります。黄ニラのシンプルな旨さもポイント。これはお値打ちです！

老饕檯（ロウホウトイ）

Address 東京都港区白金5-14-8
TEL 03-5420-3288
Open 11:00～14:30(L.O.) 18:00～21:30(L.O.)
Closed 不定休
東京メトロ広尾駅より徒歩10分
●香港料理店。レストラン席での食事も可能。

Ki-nira to Moyashi no Shoyu Yakisoba
Soy sauce-based yakisoba noodles with yellow garlic chives and bean sprouts

Lohotoi
Address 5-14-8 Shirokane,Minato-ku,Tokyo
TEL 03-5420-3288
Open 11:00～14:30(L.O.) 18:00～21:30(L.O.)
Closed Irregular

虎ノ門／カフェ＆バー Toranomon / Café & Bar

香りでヒーローに！
反則的に旨いポテトです

Truffle Fries
トリュフフライ

¥550

二度揚げのカリッとしたフライドポテトにパルメザンチーズとトリュフオイルをかけたら、旨いに決まってます。冷めてもまた旨い。手土産にすれば香りでヒーローに！

カフェ＆バー BeBu（ビブ）

Address 東京都港区虎ノ門1-23-4
虎ノ門ヒルズ アンダーズ 東京 1F
TEL 03-6830-7739
Open 11:00～22:30 日祝は～22:00
Closed 無休
東京メトロ虎ノ門駅より徒歩5分
●ハンバーガーとグリルメニュー中心。ディナーのみ予約可。

Truffle Fries
French fries with truffle oil and cheese

BeBu Café & Bar
Address 1F Andaz Tokyo
Toranomon Hills 1-23-4 Toranomon,Minato-ku,Tokyo
TEL 03-6830-7739
Open 11:00～22:30 ～22:00 on Sun. & national holidays
Closed Open 7days a week
HP http://tokyo.andaz.hyatt.com/ja/hotel/dining/bebu.html

亀有ハイボールのつまみにして
お土産に持ち帰るのがお約束

Beni-shoga Menchi-katsu
紅生姜メンチカツ

1個 ¥190(税込)

Takeout

亀有／揚げ物

Kameari / Agemono

カレーやチーズなどいろいろなメンチが並んでいて迷うのですが、紅生姜メンチが秀逸。肉感はあるけれど、豚肉と玉ねぎの甘味、紅生姜の爽やかな酸味がうまく調和して旨い。胃もたれしない軽やかな味わいもいい。店内で亀有ハイボールと一緒に1個だけつまんで、お土産用を買って持ち帰るのが美しいパターン（？）ですね。

亀有メンチ

Address 東京都葛飾区亀有3-32-5
TEL 03-6231-2058
Open 11:00〜21:00　日祝は11:00〜20:00
Closed 火曜
JR亀有駅より徒歩3分
●揚げ物専門店。イートインも可。予約不可。

Beni-shoga Menchi-katsu
Deep-fried minced meat with red pickled ginger

Kameari Menchi
Address 3-32-5 Kameari, Katsushika-ku, Tokyo
TEL 03-6231-2058
Open 11:00〜21:00
11:00〜20:00 on Sun. & national holidays
Closed Tue.

Takeout

代官山／サンドイッチ
Daikanyama / Sandwich

食べ応えのあるチキンに絶品タルタルソース！

Kohaku-dori no Namban Sandwich
古白鶏の南蛮サンド

¥980（税込）

チキンは食べ応えがあるし、タルタルソースが旨い！ タルタルが少し染みたくらいがおいしいので、テイクアウトにして公園などで食べたいですね。

TOKYO KENKYO

Address 東京都渋谷区南平台町7-9
TEL 03-5784-0193
Open 8:00〜22:00(L.O.)
Closed 不定休

JRなど渋谷駅、東急線代官山駅より各徒歩10分
●サンドイッチ＆ソーダカフェ。イートインも可。

Kohaku-dori no Namban Sandwich
Fried chicken (with vinegar and tartar sauce) sandwich

Tokyo Kenkyo

Address 7-9 Nampeidaicho, Shibuya-ku, Tokyo
TEL 03-5784-0193
Open 8:00〜22:00(L.O.)
Closed Irregular
HP tokyokenkyo.com

浅草／大学いも
Asakusa / Daigakuimo

揚げたてはもちろん、冷めても旨い！

Daigaku Imo
大学いも

400g ¥740

切りたて揚げたては濃厚熱々で、周りはパリッと中はホクホクで旨い。でも冷めてからも甘味がおちついておいしい。懐かしい感覚に浸れる味わいです。

千葉屋

Address 東京都台東区浅草3-9-10
TEL 03-3872-2302
Open 10:00〜18:00 日祝は〜17:00
Closed 火曜

東京メトロなど浅草駅より徒歩10分
●昭和25年創業の大学いも専門店。

Daigaku Imo
Fried sweet potato with honey

Chibaya

Address 3-9-10 Asakusa, Taito-ku, Tokyo
TEL 03-3872-2302
Open 10:00〜18:00
〜17:00 on Sun. & national holidays
Closed Tue.

> 間違いのない手土産です！

Takeout

元役者がつくる気配りの一品。
上質な大人の味わいを是非

Inari-zushi
いなりずし

20個（箱入り）¥2500（税込）

西麻布／いなり寿司
Nishiazabu / Inari-zushi

いなり寿司は甘くて1個食べれば十分。でもこれはいくつでも食べられます。甘すぎず、上質な大人の味わいです。金胡麻のほか、クルミや明太子など季節ごとの味があるのも楽しいですね。ご主人は福岡出身の元役者で、地元に近い熊本の「南関あげ」を使用。女優さんが口紅を気にせずに食べられる一口サイズに。気配りの一品です。

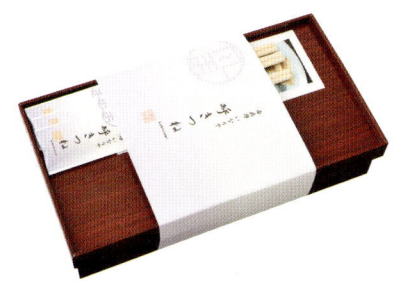

西麻布 いなりや 呼きつね(こ)

Address 東京都港区西麻布1-8-12 1F
TEL 03-6434-9171
Open 10:30〜19:30
Closed 月曜

東京メトロなど六本木駅より徒歩7分
●いなり寿司専門店。8個1000円（税込）〜もある。予約した方がいい。

Inari-zushi

Sushi pocket (fried bean curd stuffed with flavored rice)

Nishiazabu Inariya Kokitsune

Address 1F 1-8-12 Nishiazabu, Minato-ku, Tokyo
TEL 03-6434-9171
Open 10:30〜19:30
Closed Mon.

Takeout

渋谷／和食
Shibuya / Washoku

ふっくらとした鯖と
空気感を感じる酢飯が絶妙

Saba Bo-zushi
鯖棒寿司

¥3500

東京でおいしい鯖寿司に出会うのは貴重です。お店でいただくコースにも登場するのですが、テイクアウトも可能なので、ちょっと贅沢な手土産として喜ばれますよ。金田中本店出身のご主人、武本賢太郎さんがつくる鯖棒寿司は鯖がふっくらとして胡麻入りの酢飯にも空気感が感じられます。洗練かつ軽やかな味わいですね。

上質な大人の手土産です！

日本料理 TAKEMOTO

Address 東京都渋谷区鶯谷町8-10 代官山トゥエルブⅡ 1-A
TEL 03-3780-6272
Open 18:00〜23:30
Closed 不定休
JRなど渋谷駅、東急線代官山駅より各徒歩12分
●鯖棒寿司は前日21時までの要予約。料理はコース8800円（税込）〜。要予約。

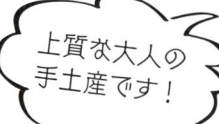

Saba Bo-zushi
Rod-shaped pressed sushi with salted and vinegared mackerel

Nihonryori TAKEMOTO
Address 1-A 8-10 Uguisudanicho, Shibuya-ku, Tokyo
TEL 03-3780-6272
Open 18:00〜23:30
Closed Irregular
HP n-takemoto.jimdo.com

定番だけど相手が驚く
軽やかだし巻玉子サンドです

Tamago Sando
玉子サンド

¥1180（税込）

だし巻玉子のサンドイッチです。ふわふわでだしが効いていて、マヨネーズやマスタードともしっかりマッチしています。いくらでも食べられますよ！

天のや（あまのや）

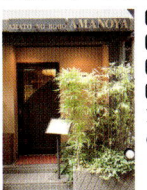

Address 東京都港区麻布十番3-1-9 1F
TEL 03-5484-8117
Open 12:00〜23:00　日祝は〜22:00
Closed 第2・4火曜
東京メトロ麻布十番駅より徒歩1分
●玉子サンドが評判の甘味処。イートインは1080円（税込）。予約した方がいい。

Tamago Sando
Sandwich with Japanese-style omelet

Amanoya

Address 1F 3-1-9 Azabujuban, Minato-ku, Tokyo
TEL 03-5484-8117
Open 12:00〜23:00
〜22:00 on Sun. & national holidays
Closed 2nd & 4th Tue.
HP www.amano-ya.jp

麻布十番／甘味
Azabujuban / Kammi

Takeout

ボリューミーだけどヘルシー。
アルゼンチン式ホットドッグ

Custom Choripan
カスタム
チョリパン

¥1100（税込）

強い味わいの極太チョリソーとトマトやレタスなど、そして食べ応えのあるパンにスパイシーなチミチュリソースが決め手のアルゼンチン式ホットドッグです。

ミ チョリパン

Address 東京都渋谷区上原2-4-8
TEL 03-5790-9300
Open 11:00〜22:00　日祝は11:00〜20:00
Closed 火曜　第2・4月曜（祝日は営業）
小田急線代々木上原駅より徒歩6分
●チョリパン専門店。チミチュリソースのみのチョリパンは750円（税込）。イートイン、デリバリーも可。各種トッピングあり。

Custom Choripan
Argentine sandwich with chorizo and vegetables

Mi Choripan

Address 2-4-8 Uehara, Shibuya-ku, Tokyo
TEL 03-5790-9300
Open 11:00〜22:00
11:00〜20:00 on Sun. & national holidays
Closed Tue., 2nd&4th Mon.（Open on national holidays）
HP http://michoripan.com

代々木上原／ホットドッグ
Yoyogiuehara / Hotdog

\\ 渡部の食言
番外編 /

高いけど、安い。

　自宅や友人宅で酒を飲む場合、旨いつまみがあれば、酒もよりおいしくなります。そんなときには上質のテイクアウトが欠かせません。

　和食なら「根津松本」の"お造り盛り合わせ"(写真上)。おそらく日本一の魚屋が目利きをした旬のお造りは、絶品！ その日の仕入れによって内容は変わりますが、2人前で1万円～。確かに高いのですが、それだけの価値はあります。これを例えば銀座の和食屋で食べたら倍以上の値段はするはずです。

　あるいはワインのお供なら、「フレンチデリカテッセン カミヤ」の"新潟県産青首鴨のテリーヌ"100g1200円(写真下。100g～。税込)などのシャルキュトリー。新潟県産天然の網獲りの青首鴨で仕上げた、他では味わえない逸品です。

　これらは、惣菜にしては確かに高い。でも、店で食べることを考えたら安いし、家ならリラックスして食べられます。たまには高いけど安い、お値打ちの一皿、いかがですか？

フレンチデリカテッセン カミヤ

Address 東京都目黒区青葉台3-17-7　1F
TEL 03-6416-4591
Open 11:00～19:00　日祝は～18:00
Closed 月曜（祝日の場合は翌火曜休み）、月1回不定休あり
東急線池尻大橋駅より徒歩10分

French Delicatessen Kamiya

Address 1F 3-17-7 Aobadai, Meguro-ku, Tokyo
TEL 03-6416-4591
Open 11:00～19:00
～18:00 on Sun. & national holidays
Closed Mon. (Tue. if Mon. is a national holiday) & irregular

根津松本

Address 東京都文京区根津1-26-5-105
TEL 03-5913-7353
Open 11:00〜19:00
Closed 日曜
東京メトロ根津駅より徒歩5分

Nezu Matsumoto

Address 1-26-5-105 Nezu, Bunkyo-ku, Tokyo
TEL 03-5913-7353
Open 11:00〜19:00
Closed Sun.
HP http://www.nezu-matsumoto.com/original.html

おわりに

　改めてこの100皿を眺めてみると、僕が大好きなのはもちろん、「これ食べてみて！」と人に薦めたくなるものばかりです。

　実際、誰かを誘うときに「いい店があるんだけど、行かない？」というより、「目玉焼き1個でも10個でも550円っていう居酒屋があるんだけど、行かない？」「締めが3種類ある鍋を食べに行かない？」「生ハムのおにぎりを食べに行かない？」などと、具体的なインパクトがある料理を提示（？）した方が、興味を持ってくれます。「人に話したくなるくらい楽しい一皿」は絶対盛り上がりますよ。

　もちろん、ここで紹介した100皿はインパクトだけでなく、本当に旨い！　だから、ま

た食べたくなるし、それを目当てについ通ってしまいます。

　ああ、でも、また今回もごめんなさい！100皿も紹介したのですが、やっぱり僕が好きな皿は、まだありました。紹介し切れていませんでした。それは、また次の機会で！

まだまだ気になる
一皿があるんですよ！
あの店にもこの店にも
行かなくちゃ！

ジャンル別索引

居酒屋など
居酒屋	大はし(肉とうふ)		北千住	14
	千住の永見(千寿あげ)		北千住	18
	鯉とうなぎのまるます家(たぬき豆腐)		赤羽	19
	だるま(つくね焼き)		門前仲町	24
	高太郎(燻玉ポテトサラダ)		渋谷	31
	川治(刺し盛り)		浜町	93
貝料理	焼貝 うぐいす(大アサリの生のり焼)		鶯谷	52

焼肉・ホルモン焼き・ジンギスカンなど
焼肉	焼肉 しみず(上ミノ青唐辛子)		不動前	27
	よろにく(シルクロース)		表参道	68
	赤坂焼肉 KINTAN(赤坂名物　イチボのたたき)		赤坂	72
	炭火焼肉 なかはら(幻のタン)		市ケ谷	74
	焼肉おおにし(ミックスのおおにし)		恵比寿	84
	焼肉 名門(スーパーホルモン)		四谷三丁目	87
	SATO ブリアン(ブリめし)		阿佐ケ谷	102
ホルモン焼き	もつ焼のんき(シロタレ(テッポウ))		堀切菖蒲園	10
	小野田商店(スモーク豚バラ)		中目黒	20
	ホルモン 青木(シマチョウ)		亀戸	26
焼きとん	お山の大将(目玉焼き)		立会川	21
ジンギスカン	ジンギスカン食堂　まえだや(ラムネギ塩)		中目黒	59

焼き鳥・鳥料理など
焼き鳥	焼鳥 おがわ(天城軍鶏のつなぎ)		四谷三丁目	16
	バードランド(焼きチーズ)		銀座	16
	たて森(胸肉の白肝巻き)		銀座	17
	とり茶太郎(鴨はつ)		渋谷	17
	蘭奢待(らんじゃたい)(ツクネ)		神保町	94
	いぐち(焼く鳥鍋)		麻布十番	99
串かつ	関西風串カツ専門店 天七(若どり)		北千住	15
鳥料理	鳥房(若鳥唐揚)		立石	22

お好み焼き
お好み焼き	お好みたまちゃん 青山店(名物！　鉄板ホルモン焼き(タレ))		表参道	34
	松浪(松浪焼)		人形町	39
	お好み焼 きじ 丸の内店(スジモダン焼)		丸の内	53
	ソニア(ソニア焼)		新橋	58
	広島お好み 鉄板ベイビー(ねぎ月見そば)		笹塚	62

ステーキ・肉料理・とんかつ・洋食など
ステーキ	リトル リマ(神戸牛ハンバーグ)		表参道	66
	カルネヤサノマンズ(常陸牛のカルパッチョ)		西麻布	78
	イデア銀座(特製黒毛和牛タン厚切り炭火焼ステーキ)		銀座	80
牛肉料理	加藤牛肉店 シブツウ(ブレザオラ)		渋谷	64
肉料理	肉山(熊本あか牛イチボ)		吉祥寺	98
とんかつ	とんかつおさむ(ロースかつ定食・ハムカツ・カレールー)		椎名町	40
	とんかつ八千代(チャーシューエッグ定食)		築地	56
洋食	東洋軒(メンチカツ)		赤坂見附	75
	ぽん多本家(カツレツ)		上野	81
揚げ物	亀有メンチ(紅生姜メンチカツ)		亀有	115

ハンバーガー・サンドイッチ・ホットドッグなど
ハンバーガー	HUNGRY HEAVEN 上板橋店(チーズチーズチーズ)		上板橋	49
	バーガーマニア白金(クアトロチーズバーガー)		白金	55
	レッグオンダイナー(A.B.C.バーガー)		渋谷	63
	ファイヤー ハウス(モッツァレラマッシュルーム)		本郷三丁目	67
甘味	天のや(玉子サンド)		麻布十番	119
サンドイッチ	TOKYO KENKYO(古白鶏の南蛮サンド)		代官山	116
ホットドッグ	ミ チョリパン(カスタムチョリパン)		代々木上原	119

イタリアン・ピッツァ・スペイン料理				
イタリアン		マルテ（スパゲッティ辛ボナーラ）	中目黒	60
		オステリア ラ・リベラ（温製鎌倉野菜とイタリア産サラミの盛り合わせ）	恵比寿	61
		ガレオーネ（ピッツァ リモーネ）	都立大学	65
		アンティカ ブラチェリア ベッリターリア（処女牛の炭火焼ステーキ）	目黒	86
		レストラン ラッセ（スペシャリテ4種のチーズを包みこんだラヴィオリ）	目黒	95
		ペレグリーノ（パルマ風生ハムサラミ盛り合わせ）	恵比寿	106
		リストランテ ダ バッポ（トリュフの手打ちタリオリーニ）	恵比寿	107
ピッツァ		アンティーカ ピッツェリア ダ ミケーレ（ピッツァ マルゲリータ）	恵比寿	73
スペイン料理		リザラン（ピンチョス）	赤坂	11
		スペイン料理 ミネバル（魚介のパエージャ）	神泉	82
フレンチ・ビストロ・カフェ・バーなど				
ビストロ		東京おばんざい 和 BISTRO gg（じじ）（めんたいこのアヒージョ）	中目黒	28
		Äta（アタ）（ヤリイカのアイオリ）	渋谷	32
		かしわビストロ バンバン（近江黒鶏のかしわ焼き（たれ））	神泉	37
		HOUSE（沖縄豚バラ肉のスモーク ブラックキャベツゴルゴンゾーラスープ）	西麻布	83
		AU GAMIN DE TOKIO（オー・ギャマン・ド・トキオ）（トリュフのふわふわスフレオムレツ）	恵比寿	85
カフェ&バー		King George（キング・ジョージ）（The King George（ザ・キングジョージ））	代官山	54
		カフェ&バー BeBu（ビブ）（トリュフフライ）	虎ノ門	114
バー		ハラジュク バー（鉄板ナポリタン）	原宿	45
シャルキュトリー		フレンチデリカテッセン カミヤ（新潟県産青首鴨のテリーヌ）	池尻大橋	120
中国料理・餃子				
中国料理		一味 玲玲（ぎょうざのトマト）	新橋	25
		中国菜 膳楽房（里麺）	神楽坂	33
		京鼎樓（ジンディンロウ） HANARE（三色小籠包）	恵比寿	38
		麻布長江（担々麺）	西麻布	48
		シャングリラズシークレット（キノコしゃぶしゃぶ美楽黒湯コース）	六本木	96
		老饕樓（ロウホウトイ）（黄ニラとモヤシの醤油焼きそば）	白金	114
餃子		亀戸ぎょうざ店（ぎょうざ）	亀戸	12
蕎麦・うどん				
蕎麦		三合菴（さんごうあん）（玉子焼（だし巻き））	白金	30
		港屋（冷たい肉そば）	虎ノ門	35
		肉そば ごん（シビレまぜそば）	虎ノ門	44
		賛否両論メンズ館（すだち蕎麦）	恵比寿	46
		手打ちそば 吟八亭 やざ和（黄門そば）	亀有	50
		東白庵かりべ（天ぷらそば）	神楽坂	79
蕎麦・うどん		志な乃（合盛+けんちん汁）	赤羽橋	51
うどん		おにやんま（かけうどん）	五反田	13
		うどん 蔵之介（温冷二種うどん（かけ&ぶっかけ））	高田馬場	36
		うどんsugita（のりぶっかけ）	中目黒	47
和食・寿司・すき焼き・天ぷら・うなぎなど				
和食		一饗（いっきょう）（生ハムのおにぎり）	中目黒	29
		和楽惣（わらそう）（黒豚スペアリブの肉じゃが）	広尾	69
		青家（本日のおばんざい6品盛り）	中目黒	101
		白金台 こばやし（宍粟牛と雲丹の握り）	白金台	108
		穴子料理 ます味（穴子小鍋）	四谷三丁目	109
		日本料理 TAKEMOTO（鯖棒寿司）	渋谷	118
魚料理		根津松本（お造り盛り合わせ）	根津	120
いなり寿司		西麻布 いなりや 呼きつね（いなりずし）	西麻布	117
寿司		六本木 鯛良（金目鯛のバッテラ）	六本木	111
すき焼き		今福（すきやき 極上牛サーロイン）	白金	104
天ぷら		てんぷら うち津（かき揚げにゅうめん）	広尾	110
うなぎ		入谷鬼子母神門前のだや（きょうすい うな太郎）	入谷	88
豆腐料理		東京 芝 とうふ屋うかい（豆水とうふ）	芝公園	100
鍋				
鍋		マルミット（マルミット鍋）	赤坂	92
ちゃんこ鍋		玉勝（ちゃんこ鍋）	鶯谷	103
フォンデュ		フォンデュ ハウス 表参道（オリーブオイルフォンデュ）	表参道	76
その他				
大学いも		千葉屋（大学いも）	浅草	116

エリア別索引

銀座・新橋・虎ノ門・築地・丸の内エリア

エリア	店名	ジャンル	ページ
銀座	バードランド（焼きチーズ）	焼き鳥	16
	たて森（胸肉の白肝巻き）	焼き鳥	17
	イデア銀座（特製黒毛和牛タン厚切り炭火焼ステーキ）	ステーキ	80
新橋	一味 玲玲（ぎょうざのトマト）	中国料理	25
	ソニア（ソニア焼）	お好み焼き	58
虎ノ門	港屋（冷たい肉そば）	蕎麦	35
	肉そば ごん（シビレまぜそば）	蕎麦	44
	カフェ＆バー BeBu（ビブ）（トリュフフライ）	カフェ＆バー	114
築地	とんかつ八千代（チャーシューエッグ定食）	とんかつ	56
丸の内	お好み焼 きじ 丸の内店（スジモダン焼）	お好み焼き	53

青山・赤坂・原宿エリア

エリア	店名	ジャンル	ページ
表参道	お好みたまちゃん 青山店（名物！ 鉄板ホルモン焼き（タレ））	お好み焼き	34
	リトル リマ（神戸牛ハンバーグ）	ステーキ	66
	よろにく（シルクロース）	焼肉	68
	フォンデュ ハウス 表参道（オリーブオイルフォンデュ）	フォンデュ	76
原宿	ハラジュク バー（鉄板ナポリタン）	バー	45
赤坂	リザラン（ピンチョス）	スペイン料理	11
	赤坂焼肉KINTAN（赤坂名物 イチボのたたき）	焼肉	72
	マルミット（マルミット鍋）	鍋	92
赤坂見附	東洋軒（メンチカツ）	洋食	75

六本木・西麻布・広尾エリア

エリア	店名	ジャンル	ページ
六本木	シャングリラズシークレット（キノコしゃぶしゃぶ美楽黒湯コース）	中国料理	96
	六本木 鯛良（金目鯛のバッテラ）	寿司	111
西麻布	麻布長江（担々麺）	中国料理	48
	カルネヤサノマンズ（常陸牛のカルパッチョ）	ステーキ	78
	HOUSE（沖縄豚バラ肉のスモーク ブラックキャベツゴルゴンゾーラスープ）	ビストロ	83
	西麻布 いなりや 呼きつね（いなりずし）	いなり寿司	117
広尾	和楽惣（わらそう）（黒豚スペアリブの肉じゃが）	和食	69
	てんぷら うち津（かき揚げにゅうめん）	天ぷら	110

渋谷・神泉・恵比寿エリア

エリア	店名	ジャンル	ページ
渋谷	とり茶太郎（鴨はつ）	焼き鳥	17
	高太郎（燻玉ポテトサラダ）	居酒屋	31
	Äta（アタ）（ヤリイカのアイオリ）	ビストロ	32
	レッグオンダイナー（A.B.C.バーガー）	ハンバーガー	63
	加藤牛肉店 シブツウ（ブレザオラ）	牛肉料理	64
	日本料理 TAKEMOTO（鯖棒寿司）	和食	118
神泉	かしわビストロ バンバン（近江黒鶏のかしわ焼き（たれ））	ビストロ	37
	スペイン料理 ミネバル（魚介のパエージャ）	スペイン料理	82
恵比寿	京鼎樓（ジンディンロウ）HANARE（三色小籠包）	中国料理	38
	賛否両論メンズ館（すだち蕎麦）	蕎麦	46
	オステリア ラ・リベラ（温製鎌倉野菜とイタリア産サラミの盛り合わせ）	イタリアン	61
	アンティーカ ピッツェリア ダ ミケーレ（ピッツァ マルゲリータ）	ピッツァ	73
	焼肉おおにし（ミックスのおおにし）	焼肉	84
	AU GAMIN DE TOKIO（オー・ギャマン・ド・トキオ）（トリュフのふわふわスフレオムレツ）	ビストロ	85
	ペレグリーノ（パルマ風生ハムサラミ盛り合わせ）	イタリアン	106
	リストランテ ダ バッポ（トリュフの手打ちタリオリーニ）	イタリアン	107

麻布十番・赤羽橋・白金・芝エリア

エリア	店名	ジャンル	ページ
麻布十番	いぐち（焼く鳥鍋）	焼き鳥	99
	天のや（玉子サンド）	甘味	119
赤羽橋	志しの乃（合盛＋けんちん汁）	蕎麦・うどん	51
白金	三合菴（さんごうあん）（玉子焼（だし巻き））	蕎麦	30
	バーガーマニア白金（クアトロチーズバーガー）	ハンバーガー	55
	今福（すきやき 極上牛サーロイン）	すき焼き	104
	老饕樓（ロウホウトイ）（黄ニラとモヤシの醤油焼きそば）	中国料理	114
白金台	白金台 こばやし（宍粟牛と雲丹の握り）	和食	108

エリア / 駅	店名（料理）	ジャンル	ページ
	芝公園　東京 芝 とうふ屋うかい(豆水とうふ)	豆腐料理	100
中目黒・代官山・目黒エリア			
中目黒	小野田商店(スモーク豚バラ)	ホルモン焼き	20
	東京おばんざい 和 BISTRO gg(じじ)(めんたいこのアヒージョ)	ビストロ	28
	一饗(いっきょう)(生ハムのおにぎり)	和食	29
	うどん sugita(のりぶっかけ)	うどん	47
	ジンギスカン食堂 まえだや(ラムネギ塩)	ジンギスカン	59
	マルテ(スパゲッティ辛ボナーラ)	イタリアン	60
	青家(本日のおばんざい6品盛り)	和食	101
代官山	King George(キング・ジョージ) (The King George(ザ・キングジョージ))	カフェ＆バー	54
	TOKYO KENKYO(古白鶏の南蛮サンド)	サンドイッチ	116
目黒	アンティカ ブラチェリア ベッリターリア(処女牛の炭火焼ステーキ)	イタリアン	86
	レストラン ラッセ(スペシャリテ 4種のチーズを包みこんだラヴィオリ)	イタリアン	95
浅草・上野・根津・鶯谷・人形町・門前仲町エリア			
浅草	千葉屋(大学いも)	大学いも	116
上野	ぽん多本家(カツレツ)	洋食	81
入谷	入谷鬼子母神門前のだや(きょうすい うな太郎)	うなぎ	88
根津	根津松本(お造り盛り合わせ)	魚料理	120
鶯谷	焼貝 うぐいす(大アサリの生のり焼)	貝料理	52
	玉勝(ちゃんこ鍋)	ちゃんこ鍋	103
人形町	松浪(松浪焼)	お好み焼き	39
浜町	川治(刺し盛り)	居酒屋	93
門前仲町	だるま(つくね焼き)	居酒屋	24
北千住・立石・亀有・亀戸エリア			
北千住	大はし(肉とうふ)	居酒屋	14
	関西風串カツ専門店 天七(若どり)	串かつ	15
	千住の永見(千寿あげ)	居酒屋	18
立石	鳥房(若鳥唐揚)	鳥料理	22
堀切菖蒲園	もつ焼のんき(シロタレ(テッポウ))	ホルモン焼き	10
亀有	手打ちそば 吟八亭 やざ和(黄門そば)	蕎麦	50
	亀有メンチ(紅生姜メンチカツ)	揚げ物	115
亀戸	亀戸ぎょうざ店(ぎょうざ)	餃子	12
	ホルモン 青木(シマチョウ)	ホルモン焼き	26
神楽坂・市ケ谷・神保町・本郷三丁目・四谷三丁目エリア			
神楽坂	中国菜 膳楽房(里麺)	中国料理	33
	東白庵かりべ(天ぷらそば)	蕎麦	79
市ケ谷	炭火焼肉 なかはら(幻のタン)	焼肉	74
神保町	蘭奢待(らんじゃたい)(ツクネ)	焼き鳥	94
本郷三丁目	ファイヤー ハウス(モッツァレラマッシュルーム)	ハンバーガー	67
四谷三丁目	焼鳥 おがわ(天城軍鶏のつなぎ)	焼き鳥	16
	焼肉 名門(スーパーホルモン)	焼肉	87
	穴子料理 ます味(穴子小鍋)	和食	109
その他山手線・中央線沿線エリア			
五反田	おにやんま(かけうどん)	うどん	13
赤羽	鯉とうなぎのまるます家(たぬき豆腐)	居酒屋	19
高田馬場	うどん 蔵之介(温冷二種うどん(かけ＆ぶっかけ))	うどん	36
吉祥寺	肉山(熊本あか牛イチボ)	肉料理	98
阿佐ケ谷	SATO ブリアン(ブリめし)	焼肉	102
その他私鉄・地下鉄沿線エリア			
立会川	お山の大将(目玉焼き)	焼きとん	21
不動前	焼肉 しみず(上ミノ青唐辛子)	焼肉	27
椎名町	とんかつ おさむ(ロースかつ定食・ハムカツ・カレールー)	とんかつ	40
上板橋	HUNGRY HEAVEN 上板橋店(チーズチーズチーズ)	ハンバーガー	49
笹塚	広島お好み 鉄板ベイビー(ねぎ月見そば)	お好み焼き	62
都立大学	ガレオーネ(ピッツァリモーネ)	イタリアン	65
代々木上原	ミ チョリパン(カスタムチョリパン)	ホットドッグ	119
池尻大橋	フレンチデリカテッセン カミヤ(新潟県産青首鴨のテリーヌ)	シャルキュトリー	120

渡部建（わたべ・けん）

1972年、東京・八王子生まれ。1993年、神奈川大学在学中に高校の同級生であった児嶋一哉に誘われ、お笑いコンビ「アンジャッシュ」を結成。2003年、NHK「爆笑オンエアバトル」5代目チャンピオンに輝き、日本テレビ「エンタの神様」などネタ番組では"コント仕掛け"のスペシャリストと呼ばれる。その後、フジテレビ「ニュースな晩餐会」「水曜歌謡祭」のMC、J-WAVE「PLATOn」「GOLD RUSH」のナビゲーターなど、テレビやラジオで幅広く活躍。2009年には小説「エスケープ！」を出版。現在は、日本テレビ「ヒルナンデス！」「行列のできる法律相談所」、テレビ朝日「相葉マナブ」、テレビ東京「所さんの学校では教えてくれないそこんトコロ！」、TBSテレビ「アカデミーナイトQ」などに出演中。日々の食べ歩きを綴ったブログ"わたべ歩き"が大好評で、年間約500軒もの飲食店を巡り、日本全国、時には世界各国を食べ歩いている。一冊目のグルメ本「芸能界のアテンド王が教える最強の店77軒」（文藝春秋）も大人気。

芸能界のグルメ王が世界に薦める！
東京　最強の100皿

2015年10月10日　第一刷発行

著　者	渡部建
発行者	石井潤一郎
発行所	株式会社　文藝春秋
	〒102-8008
	東京都千代田区紀尾井町3－23
	電話　03-3265-1211（代）
印刷所	光邦
製本所	大口製本

ISBN 978-4-16-390347-7
©Ken Watabe 2015　　Printed in Japan
万一、落丁・乱丁の場合は送料小社負担でお取替えいたします。小社製作部宛、お送りください。
定価はカバーに表示してあります。
本書の無断複写は著作権法上での例外を除き禁じられています。また、私的使用以外のいかなる電子的複製行為も一切認められておりません。

写真：志水隆、山元茂樹、深野未季、榎本麻美、
　　　鈴木七絵、石川啓次、釜谷洋史
スタイリング：松本ユウスケ (anahoc)
ヘアメイク：古賀友里子
衣装協力：EGO TRIPPING（GARROT TOKYO）

デザイン＆装丁：岡睦、郷田歩美（mocha design）
編集協力：仙道洋平
翻訳協力：伊藤聖美＆ウィリアム・ニーリー